U0532989

不白吃漫画
吃透中国史 三国

我是不白吃 著绘

国文出版社
·北京·

图书在版编目（CIP）数据

吃透中国史．三国 / 我是不白吃著绘．－－北京：国文出版社，2025（2025.5重印）．－－ ISBN 978-7-5125-1787-5

Ⅰ．K209

中国国家版本馆CIP数据核字第2024HW1525号

吃透中国史·三国

著　　绘	我是不白吃
责任编辑	张　茜
责任校对	崔　敏
选题策划	魏　玲　潘　良
策划编辑	张　政　刘沈君
出版发行	国文出版社
经　　销	国文润华文化传媒（北京）有限责任公司
印　　刷	天津海顺印业包装有限公司
开　　本	800毫米×980毫米　　16开
	13.25印张　　　　　　140千字
版　　次	2025年1月第1版
	2025年5月第2次印刷
书　　号	ISBN 978-7-5125-1787-5
定　　价	59.80元

国文出版社

北京市朝阳区东土城路乙9号　　邮编：100013

总编室：（010）64270995　　传真：（010）64270995

销售热线：（010）64271187

传　真：（010）64271187-800

E-mail：icpc@95777.sina.net

序　言

　　在经历长达四百多年漫长的秦汉统治时代后，中国历史在东汉后期走向分裂。东汉中后期，大一统的态势呈现千疮百孔的倾颓之象。政治上，皇权旁落，宦官、外戚交替专权，主幼政昏朝政腐败；经济上，豪强地主势力庞大，土地兼并盛行，民众疾苦日甚一日，出现大量流民，社会矛盾尖锐。在此格局下，各种农民起义风起云涌。其中以公元184年的黄巾起义最为浩大，影响之广前所未有。虽然这一起义持续时间并不长，却敲响了东汉王朝灭亡的丧钟。在镇压黄巾起义的过程中，各路地方割据势力趁势而起，由此全国陷入持续动荡之中，三国对峙之局也由此开启。

　　本册《吃透中国史·三国》，对黄巾起义（公元184年）到赤壁之战（公元208年）这一段历史进行了介绍。其重点有二：一方面是东汉走向混乱和灭亡的过程；另一方面则是三分天下割据的形成过程。这段时间虽然不长，仅有二十余年，却发挥了承前启后的作用,是三国三分天下的酝酿阶段,对历史演变产生了重大影响。尤其其间发生的两场著名战役——官渡之战与赤壁之战,都是决定历史走向的军事事件。官渡之战,曹操战胜袁绍,促成了曹操统一北方。赤壁之战,曹操败于孙刘联军,奠定了后来魏、蜀、吴三分天下的基本格局。而在这一时期涌现的诸多历史人物,如曹操、袁绍、吕布、刘备、张飞、关羽、诸葛亮、周瑜等,则为后人所津津乐道。该书对上述人物及相关事件进行了生动诙谐的叙述,再配以生动幽默的漫画,相信大家读后会对这一段历史有更进一步的了解与认知。

在此特别值得一说的是,后人对三国历史的了解的一个重要来源是《三国演义》。但众所周知,该书是后人基于三国历史而创作的小说,其中所述的大量历史事件不尽符合历史真实,尤其掺杂了许多发挥与想象。显然,《三国演义》只是一千多年以后小说家心目中的三国历史,文学性盖过了史学性,并不是真正的三国历史。这就要求后人在讲述三国历史时要有实事求是的求真精神。基于此种认识,《吃透中国史·三国》一书在讲述相关历史事件时,一方面适当引入了《三国演义》中的相关叙述以增强趣味性,另一方面也致力于引导读者关注小说背后的真实历史,并对小说文学性的叙述与历史真实之间的差异加以比较。这对于培养读者尤其是中小学生严肃的史学意识,无疑具有较好的启发意义与示范效应。

历史学是一切社会科学的基础之一，历史教育是人文教育的重要组成部分。三国历史是中国五千年历史长河中一段跌宕起伏的历史，众多英雄豪杰、才子佳人风云际会，演绎了一场精彩纷呈的大剧。希望这一册漫画小书，能为你在了解这段历史的过程中带来别样的体验。

中山大学历史系教授　杨勇

目录

第一章 黄巾起义 …… 001

第二章 名存实亡 …… 023

第三章 血色长安 041

第四章 烽烟四起 061

第五章 迎驾许昌 079

第六章 决胜官渡（上） …… 097

第七章 决胜官渡（下） …… 113

第八章 江东少主 …… 129

第九章 荆州之变 …… 145

第十章 孙刘联盟 …… 167

第十一章 赤壁之战 …… 183

卷首语

　　东汉末年，汉室倾颓，群雄并起，天下大乱。经历无数场战争和数不清的尔虞我诈、钩心斗角的角逐后，天下形成了魏、蜀、吴"三国鼎立"之势。这是一个混乱不堪又英雄辈出的时代，元末明初小说《三国演义》的横空出世更是为这个时代赋予了天马行空的传奇色彩，刻画了很多我们耳熟能详的经典角色。"天下大势，合久必分，分久必合"，自公元184年黄巾起义让东汉政权开始动摇，到群雄割据逐渐形成三国鼎立的雏形，再到曹魏代汉之后的魏、蜀、吴三国鼎立，最后到公元280年晋国灭吴天下再次统一，真实的三国时代究竟是怎样的？与我们印象中的三国故事有什么不同？这段历史有什么独特的魅力？关羽的武器真的是一把青龙偃月刀吗？张飞真的是有勇无谋的狂野粗汉吗？刘备不用照镜子就能看到自己的耳朵？草船借箭真的是诸葛亮的杰作吗？

　　不白吃带你翻阅《三国志》《后汉书》《晋书》，再聊聊名著《三国演义》，一起走进这个烽火连天又精彩纷呈的时代。

刘备

第一章 黄巾起义

《吃透中国史·秦汉》中提到，东汉第十二位皇帝汉灵帝刘宏不好好做皇帝的本职工作，整天搞休闲娱乐活动，甚至靠卖官挣钱。他还宠信张让、赵忠等十二个宦官，这些宦官把持朝政，史称"十常侍"。他们卖官鬻（yù）爵，贪赃枉法，欺压百姓，又赶上连年天灾……

好了好了，后面就是民不聊生天下大乱对吧？所以，趁着天下还没乱……朕得抓紧玩儿啊！

皇上英明！

皇上霸气！

刘宏

就在刘宏天天玩乐的时候，巨鹿（今河北省邢台市平乡县西南）有一个叫张角的人成立了一个叫太平道的宗教组织，靠着宗教活动积累了大量粉丝，这些粉丝大部分都是贫苦又单纯的百姓。

演讲结束，谢谢大家！

张角

张先生的演讲真是百听不厌！

以后我就是张先生的忠实粉丝！

第一章 黄巾起义

张角不甘心只做一个网红，他还有一个大大的梦想：起义。公元184年，张角起兵反汉。很快，分布在全国各地数十万拥护者群起响应，声势浩大。因为起义者头绑黄巾，所以被称为"黄巾军"。他们围攻各地官府机构，杀死官吏守军，史称"黄巾起义"。

> 苍天已死，黄天当立，岁在甲子，天下大吉！

> 这是我们反抗官府的口号吗？

> 你可真没文化，这哪里是口号，这分明是张先生在作诗！

> 听不懂没关系，只要跟着张先生的起义队伍准没错！

大汉天下被黄巾军搞得烽烟四起，皇帝刘宏这下没心思玩了，准备镇压起义。

> 朕只是贪玩，又不是傻瓜！谁能容忍有人在自家地盘上插黄旗呢？

经过一番商议，刘宏任命何皇后的哥哥何进为大将军守卫京师，又派将领皇甫嵩、朱儁（jùn）和卢植领兵讨伐黄巾军，同时号召全国各地郡县自行募兵镇压起义。

咱俩这样，各领一路兵马一起平定颍川的黄巾叛乱。

没问题！

我去平定冀州的黄巾军！

那我就在后方护卫京师了！

皇甫嵩　朱儁　卢植　何进

朱儁在平乱前，向朝廷推荐了一个叫孙坚的人来协助自己讨伐黄巾军。

这小老弟能文能武，长相不凡，我喜欢！

大家好，我叫孙坚，坚强的"坚"！

孙坚

第一章 黄巾起义

孙坚是吴地富春（今浙江省杭州市富阳区）人，可能是孙武的后代。孙坚从小机智勇敢，性情豁达，为人仗义。在他十七岁那年，父亲带他乘船出门，看见一伙强盗正在将抢掠来的财宝分赃。

> 我能收拾这些强盗。

> 小孩子别瞎说！你哪里是这些盗匪的对手！

孙坚不顾父亲的劝告，拿着一把刀追向那伙强盗，还一边追一边挥手指挥，一副调兵遣将的架势。

> 那个人拎把刀手舞足蹈的干吗呢？

> 坏了！他该不会是指挥官兵来抓我们的吧？快跑啊！

坚行操刀上岸，以手东西指麾，若分部人兵以罗遮贼状。贼望见，以为官兵捕之，即委财物散走。——三国志

005

强盗们惊慌失措,扔掉财宝四散奔逃。孙坚不肯罢休,亲手解决了一个强盗才回来。

这些强盗不堪一击,凭我的实力足以搞定他们了!

今年咱们县最佳表演奖就是你的了。

大惊。——《三国志》
坚追,斩得一级以还。父

孙坚驱逐强盗的事迹让他成了十里八乡的明星人物,官府还让他做了代理校尉(军职)。不久,他所在的会(kuài)稽郡发生叛乱,各地叛军有上万人。孙坚募集一千多人马协助官兵击溃了这些叛军。

知道我孙坚的厉害了吧!

那个抡刀的小伙子好生猛,打起仗来不要命啊!

他叫孙坚,人送外号"孙大刀"!

第一章 黄巾起义

孙坚因为平叛有功，朝廷奖励他做了副县长。后来他先后管理了三个县，因为工作出色，他不论去哪儿都有很高的人气，官吏百姓都十分爱戴他。

> 孙县丞真是好官啊！

> 咱们县有县丞您参与治理，真是越来越好了！

> 别叫我孙县丞，叫孙哥。咱们都是一家人，千万别客气！

黄巾起义后，孙坚在朱儁的举荐下做了佐军司马，又在家乡招募了一千多精兵，跟随朱儁讨伐黄巾军。朱儁本就是个战功赫赫的将领，有了孙坚的加盟更是如虎添翼，他信心满满率先出击……没想到却被黄巾军打得落花流水。

> 不是如虎添翼吗？怎么被追着跑啊！

> 没错啊！正因为如虎添翼才能跑得更快呀！

皇甫嵩原本计划和朱儁各自领兵镇压颍川的黄巾军，但朱儁被击败后，导致皇甫嵩的军队也被黄巾军包围了。不过，皇甫嵩毕竟是名将之后，受过专业训练，所以丝毫不慌。

将军，我们被黄巾军包围啦！

不怕，他们虽然兵多，但军队素质太差，我有办法！

皇甫嵩趁着夜色火攻黄巾军大营，这些由流民组成的黄巾军毕竟缺少战斗经验，瞬间慌了阵脚四散而逃。就在黄巾军败退的时候，骑都尉曹操率军出现，联合皇甫嵩和朱儁大破黄巾军，歼灭数万人。

两位大人，我是曹操，过来帮忙补刀的！

你来得可真是时候！

别废话了，一鼓作气灭了他们！

第一章 黄巾起义

相比皇甫嵩和朱儁，曹操的官职不高，但在后世的知名度却远远高于他们。

> 大家好，我叫曹操，"操心"的"操"。

在家喻户晓的名著《三国演义》里，曹操被刻画成了一个阴险狡诈、心狠手辣、心怀诡计的形象。

> 宁教我负天下人，休教天下人负我！

《三国演义》

那历史上的曹操究竟是什么样呢？曹操，字孟德，小名叫阿瞒，据说他是西汉相国曹参的后代。没错，就是那个陪着刘邦打天下，史书记载为西汉开国第二功臣的曹参。

> 我要向老祖宗学习！

> 大家好，我是曹参，之前提过我，但是没露脸，现在出来露个脸……

曹参

太祖武皇帝，沛国谯人也，姓曹，讳操，字孟德，汉相国参之后。——《三国志》

曹操的父亲曹嵩是宦官曹腾的养子，后来凭借贿赂位高权重的宦官做了朝廷的太尉。太尉是"三公"之一，属于顶级大官，有权有钱。不过，因为有一个宦官爷爷，即便曹操出身显赫，也没几个人瞧得起他，所以他整天游手好闲不务正业。

> 我不愁吃、不愁穿，我不打工、不上班！

> 曹阿瞒这个小混混整天四处闲逛惹是生非，真是品行不端，以后肯定没出息！

> 他爹曹嵩认宦官当爹，还走关系买官儿，生在这种人家都不嫌丢人吗？

其实曹操算不上不务正业，他喜欢练武，而且很有天赋，博览群书又喜好兵法，还写得一手好文章，为人也仗义。

> 任性洒脱，年轻人就要做自己感兴趣的事情！

二十岁的时候，曹操来到都城洛阳做官，不久后做了洛阳北部尉，负责洛阳的治安。居住在洛阳的都是些为所欲为的皇亲贵胄，据说曹操不惧权贵公正执法，用棒子打死了一个犯法的权贵，从此洛阳再无人敢犯法。

后来曹操在朝廷里做了议郎，参与国事。当时奸臣当道，朝政黑暗，曹操给汉灵帝提了很多中肯的建议，但根本没被理会。

直到黄巾起义，曹操被封为骑都尉，受命与皇甫嵩、朱儁一起讨伐黄巾军，并且跟着皇甫嵩打了大胜仗。这算是曹操第一次在战场亮相，然而此时他还只能算是个配角，毕竟这场仗的主要指挥员是皇甫嵩。

配角

主角

咋？看不起我曹操是吧？

这次你就是个捡漏补刀的！

皇甫嵩和朱儁的大军在后来的战斗中势如破竹。另一路由卢植率领的平叛大军也是连战连胜，不但把张角亲自率领的黄巾军主力打得落花流水，还把张角本人死死困在了广宗县城里。

挖壕沟！造云梯！很快就能把张角从里面揪出来啦！

卢大人，麻烦您小点声，耳朵快被您震聋啦！

第一章 黄巾起义

就在卢植准备一鼓作气攻下广宗县城的时候,朝廷派一个宦官来检查工作。卢植因为没向宦官行贿就被这个宦官诬陷,被判无期徒刑,坐上了回洛阳的囚车。

> 卢大人,小的给您安排的免费专车怎么样?回去还有提供免费伙食的监狱住哦!

> 距离成功就差一步啊,嘤嘤嘤!

卢植生得人高马大,嗓门还高,是个刚正不阿、文武双全的将领,早年因为学识渊博收了很多学生,其中有一个学生叫刘备。

> 大家好,我叫刘备,"背课文"的"背"。

> 胡说,什么"背课文"的"背",你的"备"最多就是个"准备"的"备"!

> (刘备)年十五,母使行学,与同宗刘德然、辽西公孙瓒俱事故九江太守同郡卢植。——《三国志》

刘备，字玄德，涿郡涿县（今河北省涿州市）人，他是中山靖王刘胜的后代，属于皇族后裔。

我是中山靖王孙子的孙子的孙子的……反正我是妥妥的皇族！

刘胜

大家好，我是刘胜，汉景帝刘启的儿子，汉武帝刘彻的异母兄弟。

先主姓刘，讳备，字玄德，涿郡涿县人，汉景帝子中山靖王胜之后也。

——《蜀书·先主传》

身为大汉王朝皇族后裔的刘备，从小和母亲以编草席、卖草鞋为生，生活十分困苦。

我是中山靖王之后！

草鞋卖我三双就够！

第一章 黄巾起义

刘备身为皇族却贫困交加，这就要说到汉武帝的推恩令：各诸侯的地盘由其所有的孩子共同继承。刘备是中山靖王刘胜的后代，而刘胜有一百二十多个子孙，他们将刘胜的地盘瓜分，再一代一代分了将近三百年，传到刘备这一代，就啥也不剩了。

> 关于孝武皇帝的推恩令，我表示很无奈啊！

> 小备！又走神，草鞋都编错啦！

《三国演义》中的刘备不喜欢读书，喜欢狗和马之类的动物，喜欢音乐，喜欢漂亮衣服。长大后的刘备身高将近一米八，手臂垂下来能超过膝盖，他不用照镜子就能看到自己的耳朵。

> 我只是一个身高臂长，耳大招风，充满爱心的时尚潮男。

> 我是来买鞋的，谁让你骑我马了？

先主不甚乐读书，喜狗马、音乐、美衣服。身长七尺五寸，垂手下膝，顾自见其耳。少语言，善下人，喜怒不形于色。二国志

三国演义

015

刘备平时不爱说话,对人十分和善,喜怒不形于色,喜欢结交豪杰,好多人都想和他交朋友。

这两位是来自中山的大富豪张世平、苏双,他们想和你交个朋友!你倒是给个笑脸啊!

不笑,表情管理是我对自己的日常要求!

黄巾军起义时,二十三岁的刘备在富商张世平、苏双的资助下,靠着自己在县里的影响力组成了一支私人武装部队,自发参与到镇压黄巾军的战斗中。

大汉是我们老刘家的!反大汉就是反我!

这不是卖草鞋的小备吗?

他放弃草鞋生意,准备追逐梦想去了!

第一章 黄巾起义

刘备有两个好朋友,一个叫关羽,一个叫张飞。小说《三国演义》中的第一章,就是刘、关、张三人"桃园结义"的故事。

> 我们今日结为异姓兄弟,不求同年同月同日生,但求同年同月同日死……

张飞　关羽

三国演义

史书中并没有关于三人桃园结拜的记载,但可以肯定的是,他们三人十分亲近,不管是吃饭还是睡觉都在一起。刘备参加宴会活动时,关羽和张飞就站在他身后给他当保镖。

> 给大家介绍一下,后面这两位是我的保镖……哦不,是我的兄弟,关羽和张飞!

不安

害怕

017

在小说《三国演义》中，关羽身高两米多，有两尺长的漂亮胡子，赤面红唇、丹凤眼、卧蚕眉，相貌堂堂，威风凛凛。他身披绿色战袍，武器是八十二斤（相当于现在的三四十斤）重的青龙偃月刀，妥妥的超级巨星级人物。

三国演义

义薄云天关云长，漂亮胡子有点长！

相貌堂堂　威风凛凛

但历史资料中对关羽相貌的记载特别少，可以确定的是，他有一把漂亮的长胡子。而他使用的武器很可能是矛与环首刀，也有用双刀的说法，总之不是青龙偃月刀，因为偃月刀在宋朝才出现，而且属于锻炼身体的器材，不可能用在实战中。

抡着八十二斤的刀骑马打仗？就算我抡得动，那马也不愿意啊！大家好，我是关羽，"羽毛"的"羽"。

关羽

第一章 黄巾起义

张飞，字翼德。在《三国演义》中，张飞是一个身高约一米九的屠夫。他身材粗壮，脾气暴躁，有一副大嗓门，武器是一杆丈八长矛。后世总把他刻画成满脸爆炸胡须、怒目圆睁的莽夫形象。

> 我是来买猪肉的，也不欠你钱，你总瞪我干吗？

> 谁瞪你了？！我眼睛就长这样！你找打是不是？

三国演义

张飞肉铺

历史资料中对于张飞的刻画很少，但他的武器确实是一杆长矛。他比关羽小几岁，十分雄壮威猛，与关羽同样，被称为"万人敌"，平时特别尊重读书人。还有传言说，真实的张飞是一个大帅哥，精通书法与绘画。

> 我才不是目不识丁的莽夫！大家好，我是张飞，"起飞"的"飞"。

张飞

019

在与黄巾军的战斗中，刘备、关羽、张飞三人率军高歌猛进，立下赫赫战功。

公元184年8月，黄巾军领袖张角在朝廷军队的围困中病死，不久黄巾起义平息。虽然起义仅仅持续了几个月，但也为东汉末年的混战局面拉开了序幕。在这场平定黄巾起义的过程中，曹操、刘备、孙坚这些被后世传颂的三国英雄开始崭露头角。

我们的时代开始了！

奋斗吧少年！

欸？这小孩是谁？

这是我孙坚的二儿子孙权，是不是很可爱啊？！

戏说三国

武林高手，三流刺客

据说，宦官张让祸国殃民，曹操忍无可忍，就来到张让的府邸中试图刺杀张让。可是他根本不懂怎么做刺客，被张让发现了，张让令手下卫士抓捕曹操。面对大批敌人，曹操丝毫不惧，他挥舞着手戟且战且退，卫士都没法接近他。曹操退到墙边时跳墙逃走了。

袁绍

第二章 名存实亡

黄巾起义平息后，曹操调任济南国国相，管理着十个县；刘备后来也做了安喜县县尉，负责一个县的治安管理；而打仗最拼命的孙坚则被朝廷封了别部司马，是一个没有实权的低级军官，属于安慰奖。

> 我一定要做一个正直的好官！——曹操（国相）

> 终于有了正式编制，不用摆摊卖草鞋啦！——刘备（县尉）

> 我身先士卒，出工又出力！竟然只让我当了个有名无实的小小临时工？！——孙坚（别部司马）

曹操上任济南国国相前，济南国各个县的官员依附权贵，贪赃枉法。曹操上任后立即罢免了大部分官员，这个爆炸性新闻吓得贪官污吏纷纷逃窜，济南国从此变得政治清明。

> 贪官太多了，我准备全部更新！

> 新来的国相太狠了！

不久，朝廷任命曹操为东郡太守。但当时的东汉朝政十分黑暗，曹操不想和朝廷里的奸臣为伍，就称病辞职回了家，春夏读书，秋冬打猎。

> 不到三十岁就过上了退休生活，真是其乐无穷啊，看箭！

孙坚被封了一个有名无实的别部司马,虽然很郁闷,但他很快就得到了新的工作机会。公元187年,长沙郡发生叛乱,一万多叛军攻城拔寨。朝廷任命孙坚做了长沙太守,他上任后,只用一个月就平息了叛乱。

> 哪里不服打哪里!

> 孙太守好帅!

当时零陵郡、桂阳郡也发生了叛乱,孙坚二话不说,直接冲出自己管辖的地界,出差剿贼,很快就平定了叛乱。前后肃清三个郡叛军的孙坚被朝廷封为乌程侯。

> 你大老远过来管别人的闲事?

> 我看你是吃饱了撑的!

> 你们祸乱天下,天下的事就是我孙坚的事!

而安喜县县尉刘备刚上任不久就惹祸了。当时朝廷要裁撤官员,负责这件事的审查人员职位叫督邮,来安喜县审查的督邮要把刘备裁掉,刘备一气之下把督邮绑起来狠狠打了几百棍。

> 敢砸我饭碗?看我不打死你!

> 大哥快住手!

> 大哥快息怒!

025

在《三国演义》中，也有同样的桥段，不过打督邮的不是刘备，而是脾气火暴的张飞，具体方式是用柳树枝鞭打。

三国演义

敢砸我哥哥饭碗？看我不抽死你！

三弟快住手！

三弟息怒！

刘备殴打上级下派的官员，惹了大祸，只好弃官逃走，开始了颠沛流离的生活。

惹祸了，快跑！

惹祸了，快跑！

两个版本都没我的事，还得跟着逃亡，我招谁惹谁了？

公元 188 年，因为全国各地的叛乱此起彼伏，为了提高镇压效率，太常刘焉向汉灵帝提出在各州设置"州牧"（地方上凌驾于刺史、太守之上，独揽大权以安定百姓的职位），给他们兵权。汉灵帝刘宏接受了这个建议，史称"废史立牧"。

把军权分给各地的官员，让他们各自平叛，这样就能大大提高剿贼效率了！

刘焉

废史立牧

行，就按你说的办。

在"废史立牧"的政策下，出现了益州牧刘焉、荆州牧刘表、幽州牧刘虞等地方最高长官，他们大权在握，几乎算是一方诸侯。这些州牧后来都逐渐脱离了朝廷管辖。

州牧们关起门来过日子，时不时还互相争抢地盘，本就烽火连天的东汉天下变得更加混乱了。外边乱了，朝廷内部也不安生。以张让、赵忠为代表的宦官集团和以大将军何进为首的外戚集团明争暗斗，而皇帝刘宏却经常和宦官站在同一阵营。

刘宏有两个儿子，一个是何皇后生的长子刘辩，另一个是王美人生的小儿子刘协。刘宏想立刘协为太子，但是他怕何皇后不高兴，更怕何皇后手握重兵的哥哥何进不高兴，总之就是害怕何皇后联合娘家人欺负自己。

为了与何进的势力抗衡,在"废史立牧"后不久,刘宏在洛阳周边招募了一些青壮年组建成军队。因为军队的集结地在西园,这支军队就被称作"西园军"。他还设置了西园八校尉,负责管理这支军队。

八月,初置西园八校尉。——《后汉书》

以后朕也有专属保镖团队啦!

西园八校尉中有一位我们的老熟人,那就是曹操,他被封为典军校尉,不过我们暂时不聊他,先聊聊八校尉中的中军校尉:袁绍。

瞧不起我是吧?

袁绍

我是官宦世家,你是宦官世家,谁能瞧得起你?大家好,我叫袁绍,现在给大家做个自我介绍。

袁绍,字本初,出身于超级氏族汝南(今河南省周口市西南)袁氏。袁家四世出了五位三公(太尉、司徒、司空)级别的大官,袁绍可以说是根红苗正的官宦子弟。除了出身好,他长得还特别帅,帅到被人争相模仿,走到哪儿都能引领当地时尚潮流。

看我的衣服帅不帅?这可是袁绍同款!

衣服帅有什么用?大家都说我的鼻子和袁绍有七分相似呢!

都放弃吧,再模仿也不是我袁绍本尊!

袁绍二十岁就做了县长，清廉能干名声很好，但后来因为母亲去世辞职回了家。他长相俊美，气质出众，为人仗义，礼贤下士，好多人都排着队来与他交朋友。

> 来投奔的、找工作的、与我家主公袁绍交朋友的，过来取号，排队等位！

> 九十九号在不在？可以见袁绍了哦！

在十常侍乱政的混乱时期，发生了迫害忠良大臣的党锢之祸。正义感满满的袁绍十分痛恨祸国殃民的宦官，他一面结交忠臣良将和侠义之士，一面搭救受迫害的大臣。

> 本初，我们是来逃命的，不是来看你画展的……

> 你这是抽象派的画作吗？

> 什么画作？这是我为大家精心设计的逃跑路线啊！

黄巾起义爆发时，朝廷需要人才平叛，在大将军何进的邀请下，袁绍回到了朝廷做官。两人都痛恨宦官，在朝廷中站在了同一战线上。

> 我是地位崇高的外戚！

> 我是出身显赫的俊才！

刘宏设置的"西园八校尉"以宦官蹇硕为统帅。不光是其他校尉都得听蹇硕的，就连大将军何进也得听蹇硕调遣，外戚和宦官的矛盾逐渐升级。

妹夫啊，哦不，皇上啊，我怎么能听蹇硕这个宦官调遣呢？总之一句话！有我没他！

你不能歧视宦官嘛！朕相信不久的将来你们一定能和谐相处！

公元189年，汉灵帝刘宏病死。蹇硕为了夺权，想让刘协继承皇位，但在此之前得先灭掉刘辩的舅舅何进。他打算把何进忽悠进宫搞偷袭，何进却装病推托，同时让大军在宫门外集结。

不要误会，我生病了，这些都是照顾我的医生，手里拿的都是手术刀！

有这么凶悍的医生，有这么大的手术刀吗？！

带兵的何进给了蹇硕很大压力，他只好立十四岁的刘辩做了皇帝，史称"汉少帝"。何进的妹妹何太后临朝称制，大将军何进辅政。刘协则做了陈留王。

外甥是皇帝，妹妹是太后，我何进走上人生巅峰啦，哈哈哈

第二章 名存实亡

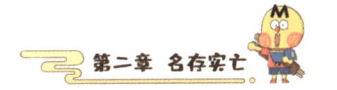

手握大权的何进要做的第一件事就是清除宦官。对于这件事有一个人比何进还要积极，那就是袁绍。袁绍把诛杀宦官的详细计划献给何进，又和自己的弟弟袁术还有手下的豪杰谋士一起支持何进。

> 我手下的门客和粉丝都愿意和我们一起诛杀宦官！

> 还有我！大家好，我是袁绍的弟弟袁术，"魔术"的"术"。

> 有袁氏家族支持，我心里踏实多啦！

袁术

何进势力变强了，这下蹇硕慌了，他赶紧给十常侍写信寻求帮助。信中说何进独断专行，想要除掉所有宦官，希望全体宦官团结起来反抗。十常侍中有一个何进的老乡叫郭胜，与老何家交情很深，他怂恿其他宦官不要听蹇硕的，还把蹇硕的计划告诉了何进。何进马上命令黄门令（黄门令也是宦官充任的）处死了蹇硕。

> 老郭够意思！你绝对是宦官中的佼佼者！

> 咱们都是老乡，客气啥！

> 大家都是宦官，何苦互相为难啊，嘤嘤嘤！

郭胜

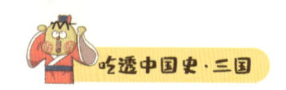

蹇硕死后，何进和袁绍打算将宦官全部诛杀，但是何太后却不同意。袁绍就建议何进召集各地的将领和官员领兵来京城，用武力逼迫太后除掉宦官。何进采纳了这个建议，下令让各地的官员带兵来京城威胁何太后，其中包括河东郡的边关将领董卓。

> 帝崩，大将军何进谋诛中官，乃召并州牧董卓，以惧太后。——《后汉书》

老董，你带兵来趟洛阳，帮我除掉皇宫里的宦官！

没问题，我早就准备好啦！

董卓

董卓，字仲颖，出生在东汉边境陇西郡临洮（今甘肃省岷县）。从小喜欢行侠仗义，四处游玩，他曾经去过羌人的部落，还靠着自己的人格魅力结交了很多羌人朋友。

小董这性格我喜欢！

一看就是讲究人！

大家好，我是董卓，"卓越"的"卓"！

少年董卓

后来董卓回乡种地，羌人朋友来探望他，董卓二话不说就杀掉了自家的耕牛盛情招待。羌人们很感动，回去就凑了上千头牲畜赠送给董卓。

> 诸豪帅感其意，归相敛，得杂畜千余头以赠卓。——《三国志》

这么多牲畜，我以后难道要做一个卖肉的屠夫？

成年后，董卓在边关当了兵。他武力超群，力大无比，箭法精准，经常带兵痛打来侵犯的胡人，屡立战功。

有一次董卓大破胡人，立下大功，朝廷给了他很多奖赏，他全部分给了部下。后来，董卓又做了并州刺史、河东郡太守。

黄巾起义爆发时，董卓接替被罢免的卢植将军围剿黄巾军，但是他却被黄巾军收拾得很惨，然后就和卢植一样获罪被关进了监狱。不过，不久后赶上刘宏大赦天下，董卓被无罪释放了。

董卓回到军队后，在平定凉州叛军时立下战功，被朝廷封侯。刘宏病重的时候，封董卓为并州牧。董卓率军停留在去上任的路上，观察京城的局势。

> 我感觉皇上要出事，哦不，我感觉京城要有大事，我得找个近点的地方观望观望。

没多久，董卓就收到了大将军何进让他带兵去洛阳诛杀宦官的命令，他马上就向洛阳进军。何太后听说董卓带兵来了，吓得赶紧将十常侍等宦官开除。不想失业的宦官跑到何进那里请罪，袁绍劝何进除掉他们，但是何进不听。

> 现在是除掉他们的好机会，动手吧！

> 不急不急，等我请示太后再决定杀不杀他们。

袁绍不甘心，他假传何进的命令，让各地逮捕那些宦官的亲属。张让得知何进要杀他们，就带着几十个宦官带兵器埋伏在宫中，又假传太后的旨意召何进进宫。何进上了当，进宫后被宦官斩杀了。

> 我可是大将军！太后的亲哥哥！皇上的亲舅舅！你们敢动我？

> 管你是谁！你想除掉我们？看我们先除掉你！动手！

张让

何进被杀的消息传来,他的部下袁绍、袁术等人马上带兵从四面八方冲入皇宫,见到宦官不论老幼全部除掉,还有很多没留胡子的人也被当成宦官杀掉了。洛阳陷入一片混乱。

> 那个人没胡子!一定是宦官!

> 干掉他!

> 我只是没留胡子,不是宦官啊,嘤嘤嘤!

宦官张让带着汉少帝刘辩和陈留王刘协出逃。被追兵赶上时,张让跳进黄河自尽了。惊慌失措的刘辩和刘协遇到了带兵赶过来的董卓。

> 哎呀,我的运气太好啦,竟然找到了宝贝,哦不,竟然找到了皇上!

董卓遇到了汉少帝,就是得到了进入洛阳的通行证。他带着刘辩和刘协还有几千西凉军回到洛阳,又命令军队晚上出城,白天再进城,循环往复,造成一种西凉军队强大的假象。

> 怎么天天有西凉军进城啊?

> 西凉兵马这么多,太可怕啦!

当初何进除了召董卓进京外，还召了丁原率领的另一路兵马。董卓进洛阳后先是收拢了何进的兵马，又收买丁原的部下吕布杀死丁原，吞并了丁原的兵马。

> 手中的兵力一下扩充这么多，这下发财啦，哈哈哈！

在《三国演义》中，吕布是丁原的义子，董卓用天下最好的战马赤兔贿赂吕布，让吕布杀死了自己的义父丁原。吕布生得器宇轩昂，威风凛凛，武器是一支方天画戟，胯下坐骑为千里宝马赤兔，武力值排名第一，总之就是又帅又能打。

人中吕布
马中赤兔

吕布

三国演义

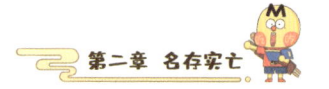

吕布，字奉先，出生于并州五原郡九原县（今内蒙古自治区包头市九原区）。他善于骑射，骁勇尚武，原是并州刺史丁原手下的主簿，是个文官。

大家好，我是吕布，"画布"的"布"。讲重点，丁原并不是我义父！

其实，吕布并没认丁原做义父，而是认了董卓做义父。实力大增的董卓自认为无人敢惹，打算按照自己的喜好，废掉汉少帝刘辩，立刘协做皇帝，就把大臣们叫来讨论。

我要废掉刘辩，立刘协当皇帝，不同意的请倒立！

废长立幼本就不合规矩，而且董卓是臣子，哪有资格废立皇帝？但是群臣都害怕董卓，不敢反对，只有一人例外，那就是袁绍。

袁绍在群臣面前和董卓大吵一架，然后大摇大摆地走了。董卓忌惮袁绍的影响力，也没敢阻拦。公元189年，董卓废掉了少帝刘辩，改立九岁的刘协当了皇帝，把自己封为相国，把持朝政。群臣敢怒不敢言，大汉王朝名存实亡。

三国逸闻趣事

曹操抢婚

　　传说曹操和袁绍小的时候是好朋友，这对纨绔组合整天游手好闲。有一天他们看到有人结婚，就决定去抢新娘。到了晚上，婚宴即将结束，袁绍突然大喊有贼人，新郎和所有宾客都跑去捉贼了，另一边曹操趁乱劫走了新娘。他们逃跑的时候，袁绍不小心掉坑里被荆棘缠住了腿，此时新郎已经追过来了。曹操灵机一动，对着袁绍笑了笑，随后指着袁绍大喊："贼人在这儿！"袁绍吓得一激灵竟然从沟里跳出来了，他们这才得以逃脱。

公孙瓒

第三章 血色长安

大权在握的董卓废了皇帝,又把何太后毒杀了。他仗着自己军权在手,纵容士兵在京城烧杀抢掠,欺辱女子,到处搜刮钱财,百姓人心惶惶。

第三章 血色长安

在何皇后下葬时，董卓又令士兵拿走了陵墓中的宝物。在宫中，董卓欺辱公主，夺人妻女，对不服从他的人处以极刑，经常因为一点不如意就残杀大臣。

> 手里有兵就可以为所欲为吗？

> 我还就是要为所欲为！给我打！

董卓

董卓倒行逆施的残暴行为引起了很多人的不满，当时做骁骑校尉的曹操不愿意和董卓为伍，回到家乡陈留散尽家财，招兵买马，第一个号召天下讨伐董卓。

> 董卓太可恨！我掏空家底也要跟他拼到底！

曹操

043

在《三国演义》中，董卓残暴嗜杀。骁骑校尉曹操从司徒王允那里借来削铁如泥的七星宝刀刺杀董卓。一次董卓召曹操议事，曹操迟到了，说自己的马太瘦弱跑得慢。董卓就让吕布去帮曹操寻一匹西凉骏马来。吕布离开，董卓躺在床上小憩。曹操拿出七星宝刀就要刺杀，但镜子反射出的刀光惊醒了董卓。曹操顺势跪在地上，随后开始了他的表演。

董卓见到宝刀十分喜爱，一时也没有多想。曹操要离开时正好遇到带着骏马回来的吕布，他借口试马，上马后头也不回直接跑路了。

董卓很快反应过来曹操的刺杀行为，他马上通缉曹操。曹操在逃亡的路上，结识了陈宫，二人一起来到曹操的老朋友吕伯奢家。吕伯奢不介意曹操逃犯的身份，让家人杀猪宰羊来招待曹操。可曹操听到外面磨刀的声音，以为是要杀他，不问青红皂白就把吕伯奢一家全部杀了。得知自己错了以后，曹操说出了一句名言。

三国演义

曹孟德，你要干吗？！

相国大人，这把宝刀是小弟我献给您的礼物！

孟德，试驾你骑这么远干啥？

我突然肚子疼，先走一步！

快跑呀！

吕伯奢一家是你的救命恩人！你竟然恩将仇报？！

宁教我负天下人，休教天下人负我！

陈宫

第三章 血色长安

其实历史上曹操并没有刺杀董卓，但董卓的行为确实引起了众怒。曹操起兵反董卓后，勃海太守袁绍、后将军袁术、冀州牧韩馥、河内太守王匡等各州郡官员同时起兵，分别在酸枣、河内、南阳等地组成联军，推举袁绍为盟主，准备讨伐董卓，曹操被任命为奋武将军。

> 我与董卓势不两立！

> 我与董卓不共戴天！

董卓见状，决定迁都。他先让汉献帝从洛阳搬到长安，又命令士兵强行把洛阳的百姓向长安驱赶，一路上因踩踏和饥饿而丧命的百姓不计其数。

> 断了气的就扔路边，别挡路！活着的快点走！不然我给你吃鞭子！

> 这些西凉军不拿我们百姓当人啊！

> 洛阳到长安有七百多里，拖家带口走过去九死一生啊！

045

董卓离开洛阳前，将城中财物洗劫一空，又一把火把洛阳的宫殿民宅全部焚毁，繁华的东汉都城化为一片焦土，方圆两百里毫无生机。他还命令吕布挖掘历代皇帝官员的陵墓，盗取里面的珍宝，又将袁绍留在洛阳的亲戚不论老幼全部处死。

> 卓以山东豪杰并起，恐惧不宁。初平元年二月，乃徙天子都长安。焚烧洛阳宫室，悉发掘陵墓，取宝物。——三国志

搬家就要搬得彻底，该拿走的一个不剩。该清理的也一个不留！

董卓在杀人放火的时候，反董联军各个首领却因害怕西凉军不敢出击。曹操劝说无果，只好自己带兵西进攻打董卓，却在荥阳被董卓大将徐荣打得惨败。曹操中箭摔下马来，最终是他的堂弟曹洪将战马让给他，他才捡回一条命。

小洪，你真是我的亲弟弟！够意思！

你也真是我亲哥哥！一点不客气啊！

曹洪

> 太祖为流矢所中，所乘马被创，从弟洪以马与太祖，得夜遁去。——三国志

第三章 血色长安

当奋勇杀敌、死里逃生的曹操回到酸枣联军总部时,只看到手握十几万兵马的联军首领们正在搞酒会联欢,他气得火冒三丈。

董卓祸国殃民,你们竟然还有心思在这儿娱乐?

你是哪位?门卫吗?

别理他,接着奏乐,接着舞!

不久,酸枣联军吃光了军粮又发生内讧,解散了。而除了曹操外,还有一个人长途跋涉来讨伐董卓,那就是乌程侯孙坚。他带着士兵从长沙出发,一路向北,经过荆州的时候,逼死了荆州刺史王叡。经过南阳时,杀掉了南阳太守张咨。

逼死王叡是因为他太傲慢,除掉张咨是因为他不给军粮,合情合理嘛!

太欺负人啦,嘤嘤嘤!

"孙大刀"这个绰号不是白起的!

孙坚

王叡

张咨

047

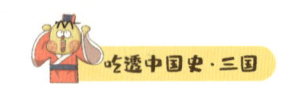

南阳成了孙坚的后勤补给站，孙坚继续带兵北上。考虑到自己跑得太远，又人生地不熟，孙坚就去找袁术合作了。随后，孙坚做了破虏将军、豫州刺史。

> 听说好多人都叫你孙大刀？以后就叫你孙破虏咋样？

> 孙破虏？好啊！这个绰号听起来有文化！

> 前到鲁阳，与袁术相见。术表坚行破虏将军，领豫州刺史。——三国志

孙坚在鲁阳驻军，准备和董卓交战，但没想到董卓竟然先派胡轸过来搞偷袭。当时孙坚正在城外开宴会，得知敌军来袭，他没有慌乱，淡定自若地等宴会结束再撤回城内。来袭的胡轸见孙坚的兵马纪律这么严明，赶快撤退了。

> 主公，敌军要打过来了，宴会还开吗？

> 淡定！淡定不了就装淡定，慌了他们可就真打过来了！

> 兵临城下对面还那么淡定，孙坚真是军纪严明啊，不能打！

几个月后，孙坚在进军洛阳的路上被董卓的部将徐荣打得全军溃败，差点丢了命。董卓感觉孙坚不禁打，又派胡轸和吕布来打孙坚，结果他们根本不是孙坚的对手。董卓的将领华雄在战场上被孙坚斩杀。

说时迟那时快，孙大刀一刀下来，我就身首异处，下线了……

有种别跑！吃我一刀！

华雄

但在《三国演义》中，斩杀华雄的功劳却给了关羽。袁绍、袁术、曹操、孙坚等十八路诸侯联军在酸枣集结讨伐董卓。董卓派大将华雄来到联军据点前叫阵，他武力高强，阵前连斩鲍忠、俞涉和潘凤三员武将，惊掉了诸侯的下巴。

什么诸侯联军！一个能打的都没有！还有谁？！

三国演义

勇猛的华雄吓得诸侯都不敢出战。关羽自告奋勇要挑战华雄，却因为地位低遭到诸侯嘲笑。只有曹操觉得关羽气势不凡，为他奉上一杯热酒壮行，关羽表示斩了华雄回来再喝。他出战后没几个回合就把华雄斩杀了，回来的时候酒还是温的，刚出道的关羽从此名扬天下，这就是"关羽温酒斩华雄"的故事。

三国演义

> 区区华雄，我一刀下去，没了！

> 一去一回这么快！我手里的酒还是温的呢！偶像请喝！

其实，在史料记载中，华雄只出场了一瞬间，就是被斩杀的时刻。斩杀他的人也不是关羽，而是孙坚，这里要为我们的"孙大刀"证明一下！

> 坚复收兵，合战于阳人，大破卓军，枭其都督华雄等。——三国志

> 我再重申一下，华雄是我斩的！我斩的！我斩的！

我斩的！

我斩的！

第三章 血色长安

由于孙坚过于勇猛,董卓有点慌了,他派使者去和孙坚商量和解,孙坚严词拒绝。随后孙坚带兵直奔洛阳,董卓亲自带兵迎战,被孙坚暴打一顿后逃跑了,负责殿后的吕布也被孙坚击败。

孙大刀你给我等着,我早晚会回来的!

别让我等太久哦!

孙坚率大军进入洛阳时,曾经无比辉煌的洛阳城已经是一片废墟。据说,孙坚在一口井中得到了象征皇权的传国玉玺,袁术知道后拘留了孙坚的妻子,以此作为威胁,夺走了玉玺。

孙破虏啊,我忘记你的老婆去哪儿了,不过要是能得到一块方圆四寸、纽交五龙、缺一角的石头,我大概就能想起来……

真虚伪!你直接说你想要传国玉玺不就得啦!

公元192年,袁术让孙坚攻打荆州,荆州牧刘表派黄祖迎战,黄祖被孙坚打败。在追击黄祖的过程中,孙坚被黄祖部下的暗箭射中身亡,一代将星就此陨落。

真没想到我孙坚竟然会死在一个不讲武德的无名小卒手中啊,嘤嘤嘤!

初平三年,术使坚征荆州,击刘表。表遣黄祖逆于樊、邓之间。坚击破之,追渡汉水,遂围襄阳,单马行岘山,为祖军士所射杀。——《三国志》

051

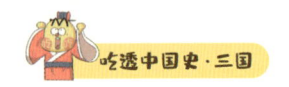

孙坚死后，他的侄子孙贲（bēn）带着孙坚残部投奔了袁术。孙坚的长子孙策时年十七岁，带着弟弟孙权继承父亲的衣钵，开始了新的奋斗。

大家好，我叫孙策，"策略"的"策"。

我叫孙权，"权力"的"权"。

孙策

孙权

在讨伐董卓的过程中，曹操和孙坚都亮了个相，那刘备在干吗？在《三国演义》中，刘备、关羽、张飞三兄弟跟随公孙瓒参加会盟，除了"温酒斩华雄"这个名场面外，他们还联手大战天下第一猛将吕布，上演了"三英战吕布"的经典桥段。三兄弟在小说中狠狠刷了一波存在感。

三国演义

第三章 血色长安

其实刘备并没有直接参与讨伐董卓，他自从打了督邮跑路以后，就过上了颠沛流离的生活，到处打零工，最后投奔了老同学公孙瓒。公孙瓒让他做了一个别部司马，就是孙坚当年干过的临时工岗位。

> 阿瓒！我亲爱的老同学，多年不见，你还是那么英俊啊！

> 大家好，我叫公孙瓒，虽然不是"赞赏"的"赞"，但也希望大家能给我点赞。

公孙瓒

公孙瓒，字伯珪，贵族家庭中不受待见的儿子。他声音洪亮，能言善辩，是优质帅哥一枚。辽西太守十分赏识公孙瓒，就把女儿嫁给了他。公孙瓒早年和刘备一起在卢植门下学习过。

> 眼睛不太像。

> 我来补一笔！

> 小备、阿瓒！你们俩鬼鬼祟祟干啥呢？

（卢植老师画像　帅　酷）

不久，公孙瓒做了辽东属国长史，他所在的地方在东汉边界。有一次，公孙瓒带着十几名骑兵巡逻，与几百名鲜卑骑兵交手，虽然敌众我寡，但公孙瓒没有害怕，他手持长矛左突右刺，率领手下杀伤数十人，突出重围。鲜卑人被他的勇猛所慑，再也不敢贸然到边界转悠了。

冲啊！随我杀出一条血路！

后来公孙瓒与张纯的叛军交战，抵御游牧部落入侵。他作战勇猛，屡立战功，被封为都亭侯。他与身边的几十个神箭手都骑着白马，号为"白马义从"，可以算是汉末的一支特种部队。

白马长枪气如诗，鲜衣怒马少年时。

第三章 血色长安

公元191年，青州再次爆发黄巾军起义，起义军达三十万。公孙瓒带着两万人马就把他们打得落花流水。公孙瓒也因此扩充了兵马和军备，实力大增，名望日盛。

> 张角都死了多少年了，你们还玩黄巾军那一套？这么喜欢山寨吗？

> 蹭个热度而已，将军饶命啊！

第二年，青州黄巾军再次发展壮大攻打兖州，结果他们遇到的是刚刚上任的兖州牧曹操。曹操用兵如神，直接把青州黄巾军给打服了。

> 曹军从不和我们正面对攻，不是偷袭就是伏击，这谁受得了啊？

> 没完没了，我们心态崩了，投降吧，嘤嘤嘤！

055

这些黄巾军拖家带口全部投降曹操，曹操一下得到了三十余万降兵，外加百万余人口。

> 一夜之间，我曹操发达啦，哈哈哈！

追黄巾至济北。乞降。冬，受降卒三十余万，男女百余万口，收其精锐者，号为青州兵。——三国志

讨董联军解散后，各路诸侯都开始忙着发展自己的势力。危机解除的董卓顺利来到长安，他自称"尚父"，为所欲为，权倾朝野。

> 我是皇上的尚父，也就是皇上他爹，哈哈哈！

董卓

刘协

第三章 血色长安

董卓每天享受着和天子一样的待遇，他还建了一座名叫郿坞的坚城，在里面存放了足够吃三十年的粮食和无数金银珠宝。

> 郿坞固若金汤，以后打赢了诸侯，我就雄踞天下；打不赢我就在郿坞里安享晚年，哈哈哈！

固若金汤

> 筑郿坞，高与长安城埒，积谷为三十年储。云事成，雄据天下，不成，守此足以毕老。-三国志

董卓嗜杀成性，他常在开宴会的时候虐杀俘虏取乐。他的脾气也很暴躁，就连吕布也经常被他辱骂。有一次董卓甚至因为一些小事用手戟投吕布，吕布闪身躲开后还要好好道歉，但心中开始记恨董卓。后来吕布和董卓的婢女有了一段地下恋情，他怕董卓发现，心中一直很不安。

> 爱情来了，挡也挡不住啊！这要是被义父知道了，可咋办？

> 然卓性刚而褊，忿不思难，尝小失意，拔手戟掷布。布拳捷避之，为卓顾谢，卓意亦解。由是阴怨卓。-三国志

057

司徒王允和吕布私下关系不错，他知道吕布和董卓关系渐渐疏远，就离间他们父子。劝吕布帮忙，里应外合除掉董卓。

公元192年5月，汉献帝刘协大病初愈办宴会庆祝，董卓受邀前来。吕布提前通知李肃带人伪装成卫士在宫门前等候董卓。当董卓的车队经过时，李肃冲向前去，用戟把董卓刺倒在地上。随后吕布拿出诏书，上前将董卓斩杀。

戏说三国

司徒王允连环计

在《三国演义》中，司徒王允十分痛恨董卓，因没有办法除掉董卓而苦恼。王允有一个婢女名叫貂蝉，美若天仙，一直被王允当亲女儿看待。貂蝉见王允整日愁眉苦脸就想着为主人解忧。王允心生一计，他谎称貂蝉是自己的义女，先把貂蝉介绍给吕布当未婚妻，吕布对貂蝉一见钟情。不久王允又邀请董卓来到家里做客，让他与貂蝉来一次"偶遇"。董卓被貂蝉迷得神魂颠倒，强行将貂蝉带回宫中做了自己的侍妾。

貂蝉

董卓强占貂蝉，和貂蝉有婚约在先的吕布敢怒不敢言，父子二人之间有了嫌隙。有一天，吕布实在思念貂蝉，就趁董卓不在的时候来到他的府邸，在一处叫凤仪亭的地方与貂蝉私会，结果被董卓发现。董卓火冒三丈，拿起地上的方天画戟就朝着吕布掷去，吕布仓皇逃走。

> 大胆吕奉先！竟敢和我的爱妾私会！

> 这都是误会啊，嘤嘤嘤！

凤仪亭

事后吕布很怕董卓会除掉自己，王允看准机会，劝吕布先行除掉董卓。不久后，吕布在宫门前用方天画戟亲手刺死了自己的义父董卓。

人中吕布，
马中赤兔！
方天画戟，
专捅义父！

三国演义

呂布

第四章 烽烟四起

国贼董卓被诛杀，策划这一切的司徒王允成了头号功臣。王允自己也这么认为，他变得骄傲自大，不再把任何人放在眼里。

董卓一死，大汉天下就太平啦，这都是我老王的功劳啊，哈哈哈！

那我算啥？

骄傲

司徒王允

吕布

有一次朝中大臣蔡邕和王允聊天，说到董卓的时候发出了一声叹息，就被王允定罪送进大牢。蔡邕是当时很有名望的文学家，好多人为他求情，但王允根本不听。

董贼死了你竟然叹气？是为他难过吗？你一定是董贼的同党！

我那是深呼吸啊，放开我！嘤嘤嘤！

蔡邕

蔡邕被定罪的事情传出去后,董卓的旧部和凉州人慌了,都认为王允要拿他们开刀。

> 蔡邕只不过为董卓叹息一声就被定罪了!

> 那我们这些董卓的老员工能有好结果吗?

董卓部将李傕(jué)和郭汜(sì)害怕朝廷治他们罪,本想解散手下军队逃跑算了,但他们手下有个谋士贾诩建议他们围攻长安。

> 现在到处都在传王允要除掉我们凉州军,与其逃命,不如去攻打长安,成功了享不尽的荣华富贵,失败了再跑也来得及!

> 好主意!

贾诩　李傕　郭汜

李傕和郭汜带着凉州兵向长安进军，沿途收拢大量董卓的旧部，几千兵马扩至十万大军，很快包围了长安。吕布出城迎战，点名要和敌军将领郭汜单挑。他们让各自兵马后撤，一对一厮杀，最终吕布一矛刺中郭汜，但郭汜被手下救走了。

单挑获胜自然是不可能吓退十万大军的，最终长安城破，王允身死，吕布出逃，李傕、郭汜掌握了朝廷大权，倒霉的汉献帝刘协落入他们手中。

逃出长安的吕布先去袁术那里求职,他想着自己有除掉国贼董卓的功绩,肯定能在袁术那里得到个好工作,但袁术拒绝了他。

卓死后六旬,布亦败。将数百骑出武关,欲诣袁术……术恶其反覆,拒而不受。——《三国志》

袁哥,董卓当初杀了不少你的亲戚,我除掉了董卓,也算是帮你报仇了吧!

我这儿现在没有适合你的岗位,以后有需要了再联系你哈!再见!

袁术

在袁术那里求职失败后,吕布又投奔了袁绍。当初,在讨董联军散伙后,袁绍想得到冀州,就给辽东属国的公孙瓒写信说合作攻打冀州。公孙瓒出兵后,袁绍也领兵向冀州进军。冀州牧韩馥以为公孙瓒和袁绍要夹击冀州,他自知冀州守不住了,就把冀州让给了袁绍。

反正冀州也守不住了,不如把冀州让给袁绍,他能力比较突出,而且算是我的老朋友!

谢啦!

袁绍

韩馥

065

冀州物产丰富，人口众多，得到冀州的袁绍可以说是春风得意。与此同时，他也多了两个竞争对手，那就是北面的公孙瓒和南边的袁术。

那时，袁绍和袁术兄弟俩不和。有一次，袁术攻打周昂的阳城，在这场战事中，周昂的军队打死了一个名叫公孙越的人，要命的是，这个公孙越是公孙瓒的弟弟。得知弟弟牺牲的公孙瓒暴怒，他知道周昂是袁绍的部下，所以他把这笔账算到了袁绍的头上。

袁绍派人向公孙瓒求和失败，只好迎战。公孙瓒曾经打过游牧部落，灭过黄巾军，手下的骑兵实力强大、经验丰富，而袁绍则是第一次指挥打仗。但谁也没想到，首场战斗居然是公孙瓒惨败，他的骑兵被袁绍的弓箭手射成了刺猬。

后来袁绍和公孙瓒又多次交战，互有胜负，最终袁绍把公孙瓒打回了幽州，双方罢兵言和。由于公孙瓒连年用兵，还抢掠百姓，他的上级幽州牧刘虞不高兴了，就带着十万兵马攻打公孙瓒。

刘虞不扰百姓的命令让自己的士兵在打仗时多了很多顾虑，而公孙瓒则向来不在乎百姓的死活，打仗能赢就行。结果，刘虞被公孙瓒打败并杀害，公孙瓒彻底控制了幽州。

我打不过袁绍还打不过你吗？

好人不长命，坏人活千年啊，嘤嘤嘤！

另一边，袁绍打完公孙瓒也没闲着。公元192年，袁绍和袁术开战。这次，他们各自动员了很多帮手，袁术这边的帮手有前将军公孙瓒、打工仔刘备，还有徐州牧陶谦等；袁绍这边的帮手只有他的小弟，兖州刺史曹操。

我和阿瓒南北夹击你，还有陶谦策应，你输定了！

别逗了！你们三个的智商加一起都没我和小曹任何一个人高！

袁术　公孙瓒　陶谦　曹操　袁绍

你们是不是少算了一个人？我是不是被无视了？

刘备

第四章 烽烟四起

最终，袁绍一方把袁术一方击败。被打败的袁术祸不单行，本就士气低落，运军粮的通道还被荆州刘表给切断了。

老表！竟然断我的物流通道！你够阴损！

我的地盘走不了你的快递！还有，我才不是你老表！大家好，我是刘表，"表现"的"表"。

刘表

刘表是皇族后裔，年轻时又高又帅。当初孙坚北上打董卓，路上逼死了荆州刺史王叡，随后刘表做了荆州刺史。后来袁术派孙坚打刘表，孙坚却被刘表的手下黄祖用暗箭射杀了。

所以，勇猛无敌的孙坚其实是被我除掉的！

当初袁术为了得到荆州没少和刘表打仗，所以，刘表断了袁术的粮道，就是为了削弱袁术这个竞争对手，让自己得到荆州。

只要让袁术饿肚子，他就没力气和我争荆州啦！要是有人能再帮我踩他一脚就更好了！

粮道

袁术确实被人踩了，踩他的人就是曹操，还踩了好几脚。袁术的粮道被断了，他自知打不过刘表，就把矛头指向了兖州的曹操。袁术集中优势兵力大举进攻，结果被曹操打得丢盔弃甲。

后面的事情就是袁术跑，曹操追，从封丘县追到太寿县，从太寿县追到宁陵县，直到袁术长途跋涉跑到几百里外的寿春，曹操才停止了追击。

第四章 烽烟四起

袁术丢了豫州，他那些豫州的老朋友害怕曹操过来打他们，很多都投靠了隔壁的徐州牧陶谦。陶谦实力变强，决定把豫州和兖州全部拿下。

> 我还没对豫州出手，就有豫州官员过来投靠，太顺利了，搞得我胃口越来越大。除了豫州，我还想吃掉曹操的兖州！

陶谦

陶谦找了个平定叛军的理由向兖州进发。刚打完袁术的曹操大军还没恢复元气，正在修整兵马，这时候与兵强马壮的陶谦大军相比明显处于劣势，正面对抗打不过，缴械投降又不行。

> 我不打也不降！我要"围魏救赵"，带兵抄了他陶谦的老窝！

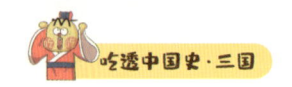

曹操命令曹仁率一路兵马去阻击陶谦，自己则亲率主力去攻打陶谦的大本营徐州，一路攻城拔寨，很快就包围了彭城。曹仁一方大获全胜后也来找曹操会师，陶谦见后院起火赶紧率军回防，结果曹操以少胜多，把陶谦打得惨败逃走。

曹阿瞒你不按套路出牌啊！竟然抄我老家！

别喊了，省点力气跑路吧！我还要接着追呢！

曹操穷追不舍，把陶谦堵在了郯城。陶谦写信向公孙瓒求救，公孙瓒派刘备率军支援。曹操打了几天得知陶谦有援兵，自己的粮草也快没了，就撤回了兖州。刘备留在了陶谦身边。

小刘啊，曹操知道你来了，就撤军了！

啊？难道曹操这么怕我吗？

第四章 烽烟四起

陶谦本以为躲过一劫，但是，曹操没过多久就又打了过来。这一次他是来玩命的，因为曹操的父亲曹嵩和弟弟曹德被陶谦的部下害死了。陶谦赶紧联合刘备迎击曹操。

> 我要拿下徐州为父亲报仇！

东郡守备陈宫觉得上司曹操不看重自己，就联合陈留太守张邈等人一起背叛了曹操。他们推举刚从袁绍那里惹祸逃出来的吕布做了兖州牧。

> 不久前还在逃命，突然成了兖州牧，幸福来得好突然啊！

三国新闻

兖州牧吕布　　赤兔马

> 不久前刚死了父亲，突然又丢了兖州，痛苦来得一个比一个突然啊！

073

吕布入主兖州后，兖州很多官员都归顺了他。曹操只剩下鄄城、东阿、范县三个根据地，这还是在曹操手下程昱、荀彧（yù）、夏侯惇等人的努力下勉强保住的。

> 吕布有勇无谋没前途！——程昱

> 吕布匹夫，怎么可能是曹公的对手！——荀彧

> 两位先生说得对！——夏侯惇

回到东阿的曹操休整兵马，随后向吕布发动攻击。虽然曹操胜多败少，但他也多次陷入险境。据说，有一次他被吕布包围，危急时刻，他手下的猛将典韦在敌方骑兵冲到近前时突然杀出，将十几支小戟投掷而出，对方骑兵接连被刺下马。曹操在典韦大杀四方的神勇表现下脱离险境。

> 我叫典韦！"唯一"的……不是这个"唯"——哎呀，总之我很勇猛就是啦！——典韦

> 怎么突然冒出个这么狠的人啊！

> 快跑吧，不然就被他的手戟刺穿啦！

第四章 烽烟四起

虽然吕布战斗力很强，但是军事指挥能力却差曹操太多，最终吕布战败逃走，曹操夺回了兖州。不久后曹操被汉献帝刘协正式封为兖州牧，身份得到了官方认证。

不是我无能，是曹操太狡猾！

不是我狡猾，是你智商跟不上！

就在曹操和吕布打仗的时候，长安出事了。在董卓和王允相继被杀后，董卓的两个部下李傕和郭汜控制了长安。两个带兵的粗人哪里懂得治国，在他们乱七八糟的统治下，长安物价飞涨，盗匪横行，百姓食不果腹。最终是汉献帝刘协下令开粮仓施粥，长安百姓才活了下来。

朕能做的不多，也就这些啦！

075

不久后，李傕和郭汜互相猜忌，为了争权夺利竟然率军在长安城内打了起来。李傕将皇帝抢到自己的地盘还一把火烧了皇宫，郭汜扣押了朝廷大臣。

> 吃我一摆拳！

> 看我勾拳！皇上您躲着点，小心被误伤！

> 朕还能躲到哪儿去啊，嘤嘤嘤！

由于李傕烧毁了长安的宫殿，汉献帝变得居无定所，加上长安混乱不堪，刘协就和李傕请示搬家回洛阳，传说具体方式是绝食威胁，李傕同意了。几个月后，历经千难万险的汉献帝终于回到了洛阳。在这里他遇到了曹操，开启了人生新篇章，当然依旧是悲剧的新篇章。

> 搬家这一路颠沛流离，朕历经千难万险，终于回到洛阳啦，嘤嘤嘤！

> 陛下先不着急哭，咱们还得继续搬家呢！

戏说三国

武林高手，三流刺客

话说吕布抄了曹操的老家兖州，当上了兖州牧，曹操赶回来和吕布大战。曹操先策反了城中的大姓田氏一族做内应。曹操攻打时，田氏就在城里响应曹操。曹操趁机入城后，放火焚烧东城门，用切断退路的方式来激励将士与吕布决一死战。尴尬的是他竟然没打过吕布，想撤走的时候也失去了退路；更尴尬的是曹操本人竟然被吕布手下的小兵给抓了。不过，机智的曹操靠着精湛的表演躲过了一劫。

说！曹操在哪儿？

啊？呃……那边那个骑黄马的就是！快去追啊，别让曹操跑啦！

幸好他不认识我！运气真好！

曹贼！别跑！

刘协

第五章 迎驾许昌

掌控朝政的李傕和郭汜掐了起来，本就混乱不堪的长安城陷入一片火海，居无定所的汉献帝想回洛阳。李傕同意后又反悔了，就带兵追击刘协，一路上与刘协的护卫们打来打去，沿途的地方军队也参与其中。

别人出门看到的都是美景，朕出门看到的都是打仗啊，嘤嘤嘤！

由于一路上被各方势力争来争去，刘协足足走了一年才到达洛阳。当初董卓强行迁都，一把火烧了洛阳城，刘协见到的洛阳早已是一片废墟。随行的王公大臣们只能风餐露宿，采野菜充饥，还有不少大臣被活活饿死。

皇上请用膳。

这是什么膳？树叶宴吗？

长安乱，洛阳也没好到哪儿去，落魄的刘协在这里同样没有得到任何尊重，护送他的官员都居功自傲，胡乱干政。刘协的护卫董承向曹操求救，曹操得知后马上就来到了洛阳。

早在刘协回洛阳的几年前，曹操的手下毛玠就提出"奉天子以令不臣，修耕植，畜军资"的建议。曹操十分认可，所以这次董承的号召刚好迎合了曹操的想法。另一边袁绍手下的谋士也提出"挟天子以令诸侯"的建议，但袁绍没有采纳。

由于洛阳残破不堪，曹操带着汉献帝刘协迁都到了许县，许县就成了东汉王朝的新国都。随后，曹操被封为大将军，大权独揽。

在谋臣枣祗、韩浩的建议下，曹操实行屯田制，获得粮食大丰收。曹操还让荀彧帮忙招聘人才。荀彧不但足智多谋，看人的眼光也很精准，他给曹操推荐来两个人才：郭嘉和荀攸。他们都足智多谋，能力不在荀彧之下。

第五章 迎驾许昌

曹操刚迎回刘协不久，另一位姓刘的皇室成员过来投奔了，那就是刘备，而且是狼狈不堪的刘备。

> 这不是小备吗，你怎么来了？

> 吕布那小子坑得我好惨啊，嘤嘤嘤！

> 吕布恶之，自出兵攻先主，先主败走归曹公。曹公厚遇之，以为豫州牧。——《三国志》

当初曹操攻打杀父仇人陶谦，刘备带兵支援陶谦，因为吕布偷袭曹操老家兖州，曹操才撤军回援。危机解除的陶谦十分感激刘备，他在去世前将徐州交给了刘备，刘备就做了徐州牧，正式成为一方诸侯。

> 哟，白捡了个徐州牧，运气真好！

在《三国演义》中，曹操得知刘备做了徐州牧，气得直跳脚，要发兵攻打刘备，最终在荀彧的劝阻下才作罢。

三国演义

> 我杀父之仇还没报，刘备那小子不费一兵一卒就得到了徐州，我要和刘备拼啦！

> 主公消消气！我们应该先收拾吕布啊！

荀彧

吕布通过偷袭占据兖州，但很快就被曹操打败逃走了。吕布来到徐州投奔刘备，态度表现得极其诚恳，刘备虽然不愿意，但还是接纳了他。

> 玄德贤弟啊！哥哥我苦啊，我知道你绝对不是那种见死不救赶我走的浑蛋！

> 话都给你说了，我还能说啥？

第五章 迎驾许昌

陶谦将徐州让给刘备的事不但让曹操不爽,也让南边的邻居袁术十分嫉妒。袁术派兵攻打徐州,刘备让张飞把守老家下邳,自己去迎战袁术,双方互有胜败。

> 你先把剑放下,然后我马上也放下。

> 凭什么我先放剑?当我傻是不是?有本事谁都别放!

袁术

袁术在与刘备对峙的时候使了一个阴招。他联系吕布,先是夸了吕布一通,然后答应给吕布二十万斛(1斛约60公斤)粮食,让吕布帮忙打刘备,吕布很开心地答应了下来。

> 你让我打小备?你不知道小备是我的贤弟吗?得加钱!

> 我给你二十万斛粮食,这个价码不低啦!

粮

085

得了袁术好处的吕布马上就袭击了刘备的下邳城。驻守下邳的张飞和陶谦的部下曹豹起了冲突，导致下邳城内乱。吕布趁乱击败张飞，拿下了下邳。刘备的妻子和军中官兵的家人也都落在了吕布手中。刘备得知后赶紧带兵回援。

你先放剑啦，你输啦，哈哈哈！

老婆都被抓了，哪有心思和你比试！这次不算，下次再约！

刘备本想夺回下邳，但是军中士兵的家人都在吕布手中，好多人都跑了。陷入绝境走投无路的刘备只好向吕布请和，吕布让刘备在小沛驻扎。

行了行了，别借用我的话术了，你去帮我驻守小沛吧。

奉先大哥，贤弟我苦啊，我当初收留过落魄的你，现在我落魄了，相信你绝对不是那种忘恩负义的浑蛋！

第五章 迎驾许昌

刘备刚到小沛不久，袁术又来找事了，他派将领纪灵带三万兵马来攻打小沛。刘备赶紧向吕布求援。吕布虽然并不在意刘备死活，但他也不希望袁术坐大，就亲自带兵过来……请客吃饭。他把刘备和袁术的将领纪灵全都请到自己的大帐内，打算让双方言和。

> 我吕布不喜欢打仗，就喜欢和平，二位和好吧！没有什么事是一顿饭解决不了的！

> 不行！我今天必须揍他！

> 谁揍谁还不一定呢！来啊！

纪灵

见刘备和纪灵不愿和解，吕布就命人将一支戟插在了大营辕门下，随后与刘备和纪灵打赌，如果他能用弓箭远距离射中戟上小支，双方就罢兵言和，否则他就任由双方厮杀。只见吕布张弓搭箭，精准射中了长戟小支，纪灵只好退兵，刘备危机解除，这就是"辕门射戟"。

> 天意天意，天意不让您二位再打下去了，都散了吧！

> 奉先大哥厉害！

> 这都能射中？

布举弓射戟，正中小支，诸将皆惊，言"将军天威也"！明日复欢会，然后各罢。二国志

087

在《三国演义》中，辕门射戟时，吕布的射戟距离是一百五十步，大概相当于今天的二百一十六米。这是什么概念呢？奥运会射箭项目最远的距离才七十米，吕布用相对原始的弓箭就射中了二百一十六米外的长戟小支，他不但臂力超群，箭法也是举世无双。辕门射戟彰显了吕布三国第一猛将的风采。

吕布辕门射戟帮了刘备一个大忙，刘备回到小沛后招兵买马，扩充了一万多兵马。吕布见刘备实力越来越强，马上就去攻打小沛，刘备兵败逃走。

刘备逃走后，投奔了曹操，曹操热情地接纳了刘备，不但提供兵马粮草，还让刘备做了豫州牧。

> 曹公，我知道你不是那种连汉室宗亲都不管的浑蛋！

> 你这套说辞都和谁学的？我也没说不接纳你啊！

不久，曹操讨伐荆州牧刘表的手下张绣。张绣本来是投降了，可是曹操却要霸占张绣的婶婶，张绣知道后很生气，马上带兵反叛。他对曹操的大营发动突然袭击，被打了个措手不及的曹操慌忙逃走了。

> 就凭张绣还想偷袭我这个机智的跑路专家？！

为了掩护曹操逃走，他的大将典韦带着十几个士兵守在大营门口。典韦挥舞双戟勇猛异常，一戟挥去就能击断十几支刺过来的矛。但是张绣的士兵源源不断杀过来，很快典韦身边的人都战死了。典韦虽然也身受重伤，但他还能双手各持一个敌军将其击杀。最终典韦力气耗尽，怒吼重伤而亡。

> 贼前后至稍多，韦以长戟左右击之，一叉入，辄十余矛摧。韦被数十创，短兵接战，贼前搏之，韦双挟两贼击杀之，余贼不敢前。——三国志

还有谁!!!

这一战，虽然曹操死里逃生，但他的爱将典韦和长子曹昂双双阵亡。曹操痛定思痛做了自我检讨。随后他得知了一个爆炸性的搞笑新闻——袁术称帝了。天下诸侯众多，袁术是第一个称帝的，做了出头鸟。

郭嘉：袁术称帝的行为属于公然篡汉，人神共愤，早晚会被各路诸侯群殴。

荀彧：袁术实力不及袁绍，能力不及主公您，居然敢称帝，真是笑话。

袁术太蠢了，大汉的招牌还在，他称帝不就是找打吗，哈哈哈！

称帝后的袁术得意忘形，在家过上了皇帝的日子。他挥霍无度、妻妾成群，可家门外压根儿没人认他这个皇帝，有名无实。

朕威震四海，生活水平必须跟上皇帝的档次啊！

主公过上皇帝瘾了，天下也没人认他啊！

算了，就当是陪他玩过家家吧！

袁术以结亲的方式拉拢吕布，想让吕布把女儿嫁给自己的儿子，但是吕布却把袁术派来的使者押送到曹操那里处死了。这可把袁术气坏了，他派张勋、桥蕤（ruí）、韩暹（xiān）、杨奉等将领兵分六路去攻打吕布。

我……哦不，朕天恩浩荡，把吕布当亲家！他竟敢把朕当猴耍！朕要好好收拾他！

袁术攻打吕布的大军有几万人，而吕布手下只有三千兵马，吕布用陈珪的计谋策反了韩暹和杨奉，与他们合兵一处反过来攻打袁术，袁术大军被打崩溃了，死伤无数。

> 就你这打仗水平还称帝？我看你就是自娱自乐过家家哈哈哈！

> 竟敢说朕过家家？你给朕等着！

吕布刚退兵，袁术还没等喘口气，曹操又打过来了，袁术自己跑路，只留下桥蕤、李丰、梁纲、乐就四个将领阻挡曹操，但是他们很快都被曹操击败斩首了。

> 斩我们的时候真是毫不犹豫啊，孙大刀不在了，来了个曹大刀啊，嘤嘤嘤！

桥蕤

> 吕布那么低的用兵水平都能把袁术击败，那我曹操打袁术岂不是和玩儿一样？

打完袁术后，曹操又和刘备一起打吕布，吕布有勇无谋，而且不听手下谋士陈宫的正确建议，多次被曹操击败，最终被围困在下邳城中。吕布想投降，被陈宫劝阻。

> 老宫，我想投降！

> 投降你就死定啦！还有以后别叫我老宫，容易让人误会。

陈宫

第五章 迎驾许昌

吕布又是联系援军又是奋力突围，但都失败了，只好退回下邳守城。曹操在城下挖壕沟，又引河水灌城，围了吕布三个月，最终吕布的部下把吕布和陈宫五花大绑，打开城门向曹操投降了。被俘虏的吕布提出与曹操合作的建议。

咱们曾经是同事，以后你就是我的老板，你的步兵无敌，我的骑兵无敌，咱俩合作必然天下无敌！

小布说得有道理啊……

布请曰："明公所患不过于布，今已服矣，天下不足忧。明公将步，令布将骑，则天下不足定也。"太祖有疑色。——《三国志》

曹操有了放过吕布的意思，但被刘备劝阻了，最终曹操将吕布和陈宫全部处死。陈宫曾经是曹操的手下，处死陈宫后，曹操尽心奉养陈宫的母亲。

您当吕布的老板我没意见，只是想起了他前两任老板丁原和董卓。那两位老板什么下场来着？

小备说得更有理啊！

刘大耳儿，你可真阴损啊！

吕布败亡后，他手下的猛将张辽归顺了曹操。刘备跟随曹操回到了许都，曹操对他很好，出门乘一辆车，吃饭坐一张席。

> 当今天下，能称得上英雄的，也就是你和我啦！像袁绍那种人不值一提！

在《三国演义》中，刘备为了打消曹操的戒心，每天足不出户在住处种菜，表现得十分低调。曹操为了试探刘备有没有野心，就把刘备请到后园梅林中，以青梅煮酒，与刘备对饮，二人畅聊天下英雄，这就是"青梅煮酒论英雄"的故事。

三国演义

> 袁术、袁绍、刘表、孙策，这些都能算是当世英雄吧？

> 袁术能力低下，袁绍优柔寡断，刘表外强中干，孙策小儿也就是靠他爹孙大刀才出名的。我看，当世英雄，也就是你和我啦，哈哈哈！

戏说三国

望梅止渴

在曹操征伐张绣时，行军途中没有水源，将士们口渴难耐。曹操担心士气受影响，就想法子哄骗将士们。他举起马鞭指着一个方向高调宣称前方不远处有一处梅林，让大家再坚持一下，到了梅林就能吃青梅解渴了。听到这些话，将士们脑海中想起酸酸的梅子，口中生津，马上就不渴了，又有了加速行军的力气。

> 前面有一片梅林，那里的青梅甘酸可口又多汁，吃上一口就能生津止渴！

关羽

第六章 决胜官渡（上）

曹操将汉献帝迎回许县后，改许县为许都，自己则做了大将军。不久，曹操就以皇帝的名义给自己的老上级袁绍下了一道圣旨，封袁绍做太尉。袁绍对曹操十分不满，曹操惧怕袁绍强大的实力，只好把大将军的头衔让给了袁绍。

> 你的小命被我救过多次，你就是个小弟，还敢骑在我头上？反了你了！ —— 袁绍

> 袁哥您误会了！这都是陛下的意思，我这就辞职让陛下把大将军的职位让给您！ —— 曹操

> 别看我，我是空气，我是空气…… —— 刘协

在所有邻居中，曹操想先打袁绍，在荀彧和郭嘉的劝阻下才作罢。他们建议曹操先收拾其他对手，后顾无忧了再打袁绍。之后曹操打张绣、击袁术、擒吕布，写信安抚关中的军阀马腾，其实都是在为攻打袁绍做准备。

打张绣　击袁术　擒吕布　安抚马腾

> 其实我一直都在盯着袁绍！

第六章 决胜官渡（上）

袁绍见曹操天天借着天子的名号指点江山，对自己当初没有去迎驾的决定十分后悔，他想让曹操把天子送到离自己更近的鄄城，曹操直接拒绝。袁绍手下的谋士田丰建议袁绍攻打曹操，但袁绍还是决定先解决北方的公孙瓒。

> 应该攻打曹操的许都，把天子抢回来！——田丰

> 要是南下打曹操，公孙瓒给我来个背后偷袭可不好，还是先打公孙瓒吧！——袁绍

当初公孙瓒击败了自己的上级刘虞，控制了幽州，随后就开始为所欲为。他欺压百姓，打压名门子弟，还亲近市井混混，名声越来越差，支持他的人越来越少。

> 没人支持我公孙瓒，那我就自己给自己点赞。——公孙瓒

刘虞虽然军事能力一般，但他是一个厚道的人，周边的游牧部落都很尊敬他。公孙瓒除掉刘虞引起了游牧部落的不满，刘虞的老部下鲜于辅联合袁绍与乌桓、鲜卑等部落组成十万联军一起攻打公孙瓒。

> 我们要给和善的刘大人报仇！

> 我们要给温柔的刘大人报仇！

> 你们合伙欺负人，不讲武德，嘤嘤嘤！

当时幽州发生大旱灾，公孙瓒却还是压榨百姓，一时之间民怨沸腾，各地纷纷联合鲜于辅反抗公孙瓒。公孙瓒也有对策，那就是改行做建筑师，他先是搬家到易县，然后开始筑高墙建高楼，还在周边挖了十几道壕沟，他的部下也纷纷效仿。

> 绝对防御何处在？看我公孙家要塞！

> 瓒恃其才力，不恤百姓，记过忘善，睚眦必报，州里善士名在其右者，必以法害之……瓒虑有非常，乃居于高京，以铁为门，男人七岁以上不得入易门。斥去左右。——《后汉书》

第六章 决胜官渡（上）

公孙瓒的"要塞"建成后，在里面存了三百万斛粮食，他还命令七岁以上的男子不能接近他的住所。随后，"工程师"公孙瓒又改行做了足不出户的老"宅男"。

你才是老"宅男"呢！我这叫韬光养晦！

建安三年（公元198年），袁绍来到幽州打公孙瓒，一路势如破竹，很快就把公孙瓒的"要塞"包围了。袁绍军又是架云梯又是挖地道的，但就是没法突破公孙瓒的防御工事。

有种你进来啊老袁，我在家炖了猪头肉，等你吃呢！

就知道龟缩在家里！公孙瓒，你不如改名叫龟孙瓒算了！有种出来！

101

其实公孙瓒早就派了儿子公孙续去找援军，公孙续很快就动员了十万大军来营救公孙瓒。公孙瓒给公孙续写信，让他先派骑兵火速来支援，到时自己再从城中出击内外夹击袁绍，双方以点火为信号。

> 我这计划有没有很完美？是不是应该狠狠给我点个赞？

机智

就在公孙瓒做着夹击袁绍的美梦时，信被袁绍的哨兵截获了。得知公孙瓒计划的袁绍将计就计，先设好埋伏，再按照信中约定时间点了火。公孙瓒看见火光马上出城作战，结果被早有准备的袁绍迎头痛击，伤心地退回了城。

> 我先玩火再玩你，回去继续当你的龟孙瓒吧，哈哈哈！

> 高高兴兴出城来，哭哭啼啼回家去啊，嘤嘤嘤！

公孙瓒坚守不出，袁绍就派人挖地道。功夫不负有心人，袁绍的拆家大队最终挖到了袁绍家的地基下面，然后开始放火。公孙瓒的要塞很快陷入一片火海，他自知大势已去，在杀光家中女眷后引火自尽了。

老袁拆迁有妙招，挖个地道把火烧！

公孙要塞坚如铁，奈何老袁把火点啊，嘤嘤嘤！

绍候得其书，如期举火，瓒以为救至，遂便出战。绍设伏，瓒逆大败，复还保中小城。自计必无全，乃悉缢其姊妹妻子，然后引火自焚。——后汉书

消灭公孙瓒后，袁绍兼并了公孙瓒的军队并占领了幽州，从此控制了黄河以北四个州的地盘，他接下来的计划就是挥帅南下打曹操。

我准备好啦！

我、我还没准备好！让我先热个身！

惊慌　失措

吃透中国史·三国

袁绍怎么可能让曹操准备好！他亲率十万步兵和一万骑兵向许都方向进军。此时袁绍毫无后顾之忧，而曹操的后方还有荆州的刘表、张绣，以及江东孙策等势力，他们随时都可能背刺曹操。

阿瞒，有没有觉得脊背发凉？

是啊！难道袁大哥您还懂医术！

不得不说，曹操运气不错，尽管袁绍四处联系其他诸侯一起打曹操，但刘表因为自己的地盘出现了叛乱，没精力掺和曹操和袁绍的事，而张绣则是直接投降了曹操。其实张绣本想选择袁绍，只是他听从了谋士贾诩的建议才改投的曹操。

袁绍强，曹操弱，所以……

所以曹操更需要我们，也会更重视我们啊！别犹豫，投曹操！

张绣

袁绍 VS 曹操

兵 将 粮　兵 将 粮

贾诩

104

第六章 决胜官渡（上）

当初张绣投降曹操后又叛变，还害死曹操的儿子曹昂和爱将典韦，而曹操不计前嫌地接纳了他，还激动地握住了张绣的手，与张绣做了亲戚。

> 过去的事咱就不提了！听说你有个女儿，让她和我的儿子曹均结婚咋样？

> 亲家公的这个主意太好了！

袁绍这边也有人投奔，那就是被曹操打到南方颠沛流离的袁术。袁术想把自己的"皇位"让给哥哥袁绍，只为求个庇护，却在投奔袁绍的路上被曹操派来的刘备拦住狠狠打了一顿。袁术心态崩了，吐血而亡。

> 朕堂堂一个"皇帝"，却过着丧家犬一样的生活，郁闷啊……

> 我听说袁术吐了好几斤血，所以有一个好心态很重要啊！就像我……

后顾之忧解除了，曹操热身完毕，他亲率主力来到官渡准备迎击袁绍。可后方又出事了，这次背刺曹操的是刘备。之前曹操让刘备去下邳截杀袁术，袁术死后刘备顺手抢占了下邳，公然反抗曹操。曹操是又震惊又伤心。

> 当初我还夸刘备是英雄，还请他吃饭，给他煮青梅酒喝，这个没良心的竟然背叛我，我好伤心啊，嘤嘤嘤！

105

其实刘备叛操早有预谋。汉献帝刘协不愿受曹操摆布，就与老丈人董承密谋写了一道诏书，号召天下英豪诛杀曹操，他们将这道诏书藏在了衣带中，史称"衣带诏"，刘备也参与其中。在《三国演义》中，刘协初见刘备就查了下家谱，得知刘备算是自己的叔叔，所以刘备有一个绰号叫"刘皇叔"。

后来衣带诏的计划还没等实施，刘备就被曹操派去截杀袁术了。不久后计划败露，曹操处死了董承和刘协怀孕的老婆董贵人。从此曹操对刘协的监视更加严密。

另一边，刘备让关羽驻守下邳，他自己回到小沛号召徐州各地反抗曹操，很快就得到了几万人马。曹操派人过来打刘备，却被刘备打了，曹操只好亲自出马。虽然刘备好打，但另一边的袁绍打过来怎么办？曹操的谋士郭嘉对此做出了分析。

第六章 决胜官渡（上）

虽然袁绍优柔寡断，但他不缺果决的手下。谋士田丰劝袁绍抓住曹操打刘备的时机，赶紧出兵去打曹操，但是袁绍拒绝了，理由竟然是儿子生病了。

> 曹操去打刘备了，后方空虚，赶紧出兵背刺他呀！

田丰

> 我儿子病成这样！我哪还有心思去打仗啊，嘤嘤嘤！

就这样，曹操顺利地出兵沛县，吓得刘备马上跑去投奔了袁绍。驻守下邳的关羽被生擒，曹操赏识关羽，让他做了自己麾下的偏将军。在《三国演义》中，曹操对关羽可以说是好得没边儿，送金银、赠战袍、赏豪宅，总之啥好送啥。

> 云长的衣服太破旧，送他一套战袍！

> 云长的住所太寒酸，送他一套豪宅！

> 云长的马太瘦啦，把赤兔送给他！

> 云长的胡子需要保养，送他一个纱囊兜着点……

> 怪不好意思的……

三国演义

曹操解决了刘备的问题，终于能回去对付袁绍了。同时，袁绍也出招了，大战一触即发。我们先来简单介绍下双方阵容。

袁绍这边：兵马十一万，手下谋士田丰、许攸、郭图、沮授等，武将颜良、文丑、张郃，还有刚跳槽过来的刘备。

曹操这边：兵马两万，谋士荀彧、郭嘉、贾诩、荀攸等；武将张辽、许褚、徐晃，还有爱将关羽。而且，曹操手中还有一张王牌中的王牌，那就是"皇牌"刘协。

官渡之战

许攸　田丰　沮授　刘备　荀彧　贾诩　郭嘉　荀攸

郭图　张郃　　　　　　　张辽　许褚

文丑　颜良　　　　　　　徐晃　关羽

袁绍：那我先出招了！

刘协　曹操：那我接招就是！

108

第六章 决胜官渡（上）

袁绍先派大将颜良攻打位于白马的曹操守军，白马危急。曹操听从荀攸声东击西的建议，正面出兵吸引袁绍，再派关羽率骑兵突袭围攻白马的颜良。颜良仓促应战，而关羽在乱军之中挥舞长矛直奔颜良，一矛刺出，颜良落马毙命，白马危机解除。

> 给大家示范一下，什么叫乱军丛中取上将首级如探囊取物！

曹操想将兵力集中在官渡，就将白马的军队和百姓沿着黄河向西撤走，袁绍知道后派刘备和文丑领约六千兵马追击。而曹操只有六百多人，他采纳荀攸的建议诱敌深入，用粮草物资做诱饵，等到敌军哄抢物资的时候大军突然杀出。袁绍军溃败，文丑战死。在《三国演义》中，文丑也是被关羽斩杀的。

> 有一说一，文丑不是我杀的，这笔账应该算在曹操头上。

> 你杀我杀都一样！咱们哥俩谁跟谁！

关羽曾和曹操约定，在他帮曹操建功后就会离去。在斩杀颜良后，曹操让关羽做了汉寿亭侯，但关羽还是离去，直奔袁绍大营找刘备去了。

> 玄德哥哥，云长来啦！

> 云长啊，我留不住你的人，更留不住你的心啊，嘤嘤嘤！

109

虽然初战告捷，但双方实力差距还是很大，因此曹操没有贸然进攻，而是退回官渡防守。袁绍大军来到官渡，向曹操营垒发动猛攻。袁绍军搭建高台居高临下向曹操射箭，曹操用投石机招呼袁绍；袁绍挖地道想偷袭曹营，曹操挖掘沟壑破解，双方你来我往，打得十分热闹。

你的盾好像裂开了！

胡说！我看是你的矛快断了吧！

曹操和袁绍在官渡你来我往打了两个月，曹操先撑不住了，毕竟他不像袁绍那样财大气粗。一万人阻击十万人，士兵疲惫不堪，更可怕的是，军中粮食也快吃光了，曹操萌生了退兵回许都的想法……

军中断粮可是大忌啊！我该怎么办？要不……先退军？

戏说三国

过五关斩六将

关羽虽然在曹操麾下,但他一直想找到失散的刘备,成语"身在曹营心在汉"说的就是关羽。在帮曹操解了白马之围后,关羽得知失散兄长刘备的下落,便立即护送两位嫂嫂去与兄长相会。之前他曾与曹操有约,当兄长刘备有下落的时候,他会立即投兄长而去。曹操万般不舍又不忍杀害关羽,只好让关羽离去。关羽途中经多重关隘遇重重阻挠,过东岭关斩孔秀,过洛阳斩韩福、孟坦,过汜水关,斩卞喜,过荥阳斩王植,过黄河渡口斩秦琪,终于渡过黄河,成功与刘备相聚。

关羽义薄云天,过五关斩六将、千里走单骑的事迹威震天下。

哥哥我来啦!

三国演义

曹操

第七章 决胜官渡（下）

曹操和袁绍在官渡打了两个月，有点支撑不住了，打算退回许都。但曹操听取了荀彧的建议，决定再咬牙坚持坚持。

先生我坚持不住啦！再打下去，大家都没饭吃啦！

主公以少打多，都已经坚持这么久了，现在放弃可就前功尽弃啦！再咬咬牙坚持下去吧！

荀彧

可是曹操再咬牙也咬不出粮草，就在曹操为吃饭问题发愁的时候，袁绍手下的谋士许攸突然来投奔。这可把曹操高兴坏了，鞋都没来得及穿就冲出去迎接。

许攸啊，见到你我太高兴了！

为了接我鞋都没来得及穿，您还挺重视我啊！

许攸

第七章 决胜官渡（下）

许攸为什么来投奔曹操呢？原来在曹操和袁绍在官渡对峙的时候，许攸劝袁绍另派一支骑兵偷袭曹操的大本营许都，袁绍没有采纳，许攸很不爽。紧接着许攸的家人因犯法被抓，于是他一怒之下投奔了曹操。

你来了我太高兴了！告诉你个秘密，我现在兵强马壮粮草充足……

吹！接着吹！再吹我可走了哦！

许攸早就看出曹操快支撑不住了，他赶来雪中送炭，告诉曹操一个大秘密——袁绍大军粮草的位置就在乌巢，并且建议曹操去烧了袁绍的粮草。曹操当机立断，袭击乌巢。

袁绍的粮草都放在他大军后方的乌巢！只要烧了他的粮草，他就死定了！

我现在就去！也让他尝尝背后被偷袭的滋味！

115

曹操亲自率领五千兵马，打扮成袁绍士兵的样子悄悄绕到袁绍大营后方的乌巢，先包围再放火。此时驻守乌巢的是袁绍大将淳于琼，手下有一万多士兵，突如其来的大火让他们一时慌了阵脚。

你们干什么？为什么要烧自家粮草啊？！

淳于琼

袁绍得知乌巢被袭击，先是派轻骑兵救援乌巢，随后让将领张郃率军进攻曹操的大营。另一边曹操在乌巢率军浴血奋战，得知袁绍援军到来一点不慌，一副拼命的架势。统帅都拼了，士兵哪能不拼，曹军士气大振，击溃了乌巢守军。

不好了！袁绍的援军杀过来了！

管他呢！等他们真的到我身后了再说！先和正面的敌军拼了！

另一边围攻曹操大营的张郃也陷入苦战。在曹洪和荀攸的坐镇下，曹营固若金汤，张郃根本打不动，而且他本就不同意袁绍袭击曹营的计划。后来，乌巢被攻陷的消息传来，张郃就率部投降了曹军。

> 我投降是因为有饭吃……哦不，是因为我是曹操的粉丝！

> 我咋觉得像是诈降呢？

> 他本就对袁绍不满，不会诈降的。

张郃　曹洪　荀攸

在《三国演义》的描写中，曹操击破乌巢后将袁绍的粮草全部焚毁，斩了淳于琼，又将一千多名袁绍士兵的鼻子割掉，将他们驱赶回袁绍大营打击士气。

> 这就叫杀人诛心。

阴险

嘤嘤嘤！　好痛！

袁绍这边乌巢没救下，曹营没攻破，淳于琼被斩，张郃投了曹军，士气被曹操打击得跌落谷底。等到曹军打来时，早无战意的袁绍大军一触即溃。袁绍和长子袁谭逃走，身边只剩八百骑兵。

> 十几万大军就这么灰飞烟灭啦，嘤嘤嘤！

> 老爸别难过，只要你活着我们就能东山再起！

袁谭

很多袁绍的残兵向曹操诈降，但很快被曹操识破，曹操一怒之下，将诈降的袁绍残兵坑杀。另一边，袁绍退回北方。至此，官渡大战以曹操的全胜告终。

> 这一战财大气粗的袁绍输得起，我曹操可输不起，真不容易啊！

第七章 决胜官渡（下）

袁绍虽然输了官渡大战，但他还手握四个州的地盘，实力依旧很强劲，完全有能力卷土重来。曹操也在积极准备着和袁绍的下次交锋。但是袁绍在官渡之战之后就生了病，经常吐血，于建安七年（公元202年）病逝。

所以还是那句话，心态好很重要啊！

输给曹操我心里苦啊，嘤嘤嘤！

袁绍死后，他的大儿子袁谭觉得自己应该继承父亲的位置，但三儿子袁尚通过伪造父亲的遗命让自己成了继承人，两兄弟开始不和，后来直接打了起来，完全忘记了他们共同的敌人曹操。

好！打得好！让我有机会趁乱捞好处！

敢对你哥哥动手？我不认你这个弟弟啦！

我可没你这么个哥哥！

袁谭

袁尚

袁谭、袁尚两兄弟打得十分激烈，双方死伤无数。最后袁谭打不过了，竟然向曹操求援来打自己的弟弟。曹操爽快地答应了，还让袁谭的女儿做了自己的儿媳妇。

曹叔……哦不，亲家！我弟弟袁尚欺负我啊，嘤嘤嘤！

大侄子不哭！亲家我这就过来帮你收拾袁尚那小子！

曹操发兵攻打袁尚的邺城，正在进攻哥哥的袁尚赶紧回援，但他哪里是曹操的对手，没过几招就被曹操打跑了。另一边，袁谭看自己弟弟挨打十分开心，开始趁乱吞并袁尚的地盘。

好！打得好！不愧是我曹叔！让我有机会趁乱捞好处！

怎么和你曹叔说话呢？没大没小没礼貌！该打！

我自家兄弟打架你一个外人掺和啥啊，嘤嘤嘤！

袁尚逃走后，邺城守军投降，曹操进而拿下整个冀州。曹操安抚冀州百姓，减免一年的赋税，打压地主豪强，顺便做了冀州牧，冀州百姓十分开心。之后驻守并州的高干也投降了——高干是袁绍的外甥。

> 袁绍不厚道，让你们受苦了，我宣布冀州减免一年赋税！

> 政策好才是真的好！

袁谭趁袁尚挨打的时候吞并了他的地盘，还收拢了他的残兵。曹操不高兴了，马上就来攻打袁谭。

> 曹叔……哦不，亲家！都是自家人，你打我干吗啊？！

> 我帮你解决家庭矛盾，你在这儿夺地盘招兵买马，女儿还给你，过来挨打！

接下来的事情就是曹操打袁谭，不但收回了袁谭侵占的地区，还拿下了袁谭的老巢青州，直到把袁谭斩杀。曹操继冀州、并州之后又得到了青州。

> 本想着占点地盘慢慢发展，没等发展好就遭受了灭顶之灾啊，嘤嘤嘤！

> 打大侄子要趁早啊！等你长大了对我就有威胁了，哈哈哈！

曹操本着一不做二不休的精神，继续北上攻打据守幽州的其他大侄子——袁绍的次子袁熙，还有之前被自己打跑的袁尚。见曹操来势汹汹，袁熙、袁尚兄弟二人强强联合……跑路了，一路跑到了北边的乌桓。曹操轻松拿下幽州。

幽州失败是因为手下叛变！大家好，我是袁熙，初次见面……

都什么时候了你还有心情自我介绍？快逃命吧！

袁熙

袁尚

乌桓

几个月后，农民起义军黑山军首领张燕率领十余万人投降曹操，至此袁绍的地盘全都被曹操接手。他在北方的敌人只剩下辽西的乌桓和辽东的公孙康。曹操有些犹豫该不该北上，谋士郭嘉帮他下了决心。

乌桓毕竟有点偏远，去一趟路费有点高啊，而且万一南边刘表背刺我咋办？

主公，袁尚和袁熙在乌桓呢，斩草要除根啊！刘表整天优柔寡断的，不会背刺您的！

郭嘉

第七章 决胜官渡（下）

建安十二年（公元207年），曹操准备北上攻打乌桓。赶上雨季，道路泥泞交通不便，但曹操找到了一条荒废了二百多年的古道。他率军翻山越岭几百里，最终在白狼山遭遇了乌桓蹋顿单于和袁尚、袁熙组成的几万兵马。

> 你看我们像是迎接你的吗？

蹋顿单于

> 一路跋山涉水，翻山越岭，逢山开路，遇河搭桥……欸？前面这是迎接我的吗？

两军狭路相逢。乌桓军以逸待劳，而此时曹操的辎重还没运到，大部分士兵盔甲都没来得及穿。曹军慌了，但曹操并不慌。他发现虽然乌桓人多，但是阵形散漫，于是看准时机，令张辽发动猛攻。

> 乌桓军这散漫样子不像来打架的，倒像是来度假的！张辽！教他们打架！

> 了解！

张辽

123

在猛将张辽的冲锋下,几万乌桓大军马上变成了一群乌合之众,他们溃不成军,尸横遍野。蹋顿单于被斩杀,袁尚、袁熙跑去辽东投奔了公孙康。白狼山一战大获全胜,最终有二十多万人投降曹操。

校长……哦不,主公,我授课完毕!袁尚、袁熙要不要追?要不我加加班,去给辽东公孙康再上一课?

不用,公孙康是个懂事又自觉的人!不用主动去给他上课!

正如曹操所料,公孙康确实很懂事,袁尚、袁熙刚到辽东不久,公孙康就把他们斩杀了。

曹哥,你两个大侄子我帮你收拾了,是不是就不打我了?

公孙康

康康干得好!你这么乖,我怎么可能打你呢?

第七章 决胜官渡（下）

至此，曹操彻底肃清了袁氏的威胁，基本统一了长江以北地区。五十三岁的曹操在班师途中登上碣石山，有感而发写下了千古名篇《观沧海》。

观沧海

东汉末年／三国·曹操

东临碣石，以观沧海。
水何澹澹，山岛竦峙。
树木丛生，百草丰茂。
秋风萧瑟，洪波涌起。
日月之行，若出其中；
星汉灿烂，若出其里。
幸甚至哉，歌以咏志。

125

曹操打算一统天下，他的下一个目标就是荆州刘表。而刘表早有准备。当初在官渡之战期间，刘备离开袁绍投奔了刘表，刘表让刘备驻守荆州的门户新野，其实就是让刘备为自己看门。

> 我是跳槽达人刘备，想在您这儿讨个差事。

> 没问题，都是亲戚，你就负责给我看门……哦不，给我驻守新野吧！

刘表

曹操能那么顺利地一统北方，一直按兵不动的刘表功不可没。但曹操的运气也是真的好，在他和袁绍激战时，有一个年轻的霸主准备袭击他的许都劫走献帝，但还没来得及出兵就死了，他就是江东之主：小霸王孙策。

江东小霸王

孙策

> 大家好，我是孙策，我爹是孙坚，咱们之前见过，下一章就聊聊我在江东那些年。

戏说三国

为袁绍檄豫州文

在官渡之战前，袁绍号召天下的州郡合伙攻打曹操，让大才子陈琳写了一篇著名的檄文《为袁绍檄豫州文》。这篇文章主要就是夸袁绍，骂曹操，而且把曹操的祖宗三代都给骂了，总之就是把曹氏整个家族都贬得一无是处，言辞犀利，字字诛心。

在袁绍死后，曹操攻破邺城活捉了陈琳，因爱惜陈琳的才华，并没有追究他骂自己的事。

你骂我就骂我，还骂我祖宗三代，是不是有点过分了?!

我那是形势所迫，不得已而为之啊!

陈琳

孙策

怀义校尉

第八章 江东少主

在官渡之战期间，曹操忙着对抗袁绍的十多万大军。他身后的几个邻居不足为患：张绣投降了，刘表忙着平乱。真正让曹操担心的是江东孙策，于是他想了一招：联姻。

> 曹操想和我做亲家，弄得我都不好意思偷袭他了。

> 孙策今非昔比，我曹操暂时招惹不起啊！

孙策

孙策是孙坚的长子，不但长得帅，为人也十分豁达仗义，从小就充满人格魅力，十几岁就名声在外。在他老爹孙大刀讨伐董卓的时候，孙策就在舒县结交名士。

> 你好，我叫孙策，"策略"的"策"。

> 不用介绍，久闻大名，如雷贯耳。

偶像

孙大神

指路明灯

第八章 江东少主

在这一时期，有一位名门子弟举家搬到舒县，他叫周瑜，字公瑾，又高又富又帅。他与孙策一见如故，二人不但年龄相仿，而且都胸怀大志，周瑜还把家里的一套豪宅让给孙策居住。

伯符，礼轻情意重，千万别嫌弃！

公瑾啊，这我怎么好意思呢？

坚子策与瑜同年，独相友善，瑜推道南大宅以舍策，升堂拜母，有无通共。——三国志

周瑜

初平二年（公元191年），孙坚在征讨荆州刘表时，被刘表部下黄祖的暗箭所杀。十七岁的孙策无依无靠，只好投奔父亲孙坚的合作伙伴袁术。后来孙策想继承父亲的事业，就向袁术讨要父亲以前的兵马，却被袁术敷衍地打发走了。

袁叔，你和我父亲以前是合作伙伴，他不在了，您能把他的老部下给我吗？

大侄子不用这么客气，我已经让你舅舅吴景做了丹阳太守，你去他那里岂不是更好！

袁术

131

孙策无奈，只好去丹阳投靠舅父吴景，又招募了几百个士兵。第二年，孙策遭到山贼祖郎袭击，九死一生逃回袁术那里。袁术见孙策可怜巴巴，就把孙坚旧部中的一千多兵马给了孙策。孙策转头就痛揍祖郎，开启了创业之路。

孙策后来被朝廷封为怀义校尉，一时之间风头无两。袁术军中很多人都十分崇拜孙策，头号大粉丝就是袁术本人。

第八章 江东少主

虽然袁术很赏识孙策，但并不信任他。袁术曾许诺让孙策做九江太守，结果却让自己更信任的陈纪担任了这一职务。孙策对袁术有些不满。

> 袁叔，我连九江太守的就职演说都准备好了，这咋回事？

> 大侄子，不是不信任你哦，只是陈纪更适合这个岗位，以后我再给你个更好的！

陈纪

九江太守

后来袁术命令孙策去打庐江太守陆康，并允诺孙策，只要击败陆康就把庐江郡交给孙策。孙策受命出击，辛苦打了两年终于拿下庐江郡，而袁术又言而无信，把庐江郡给了自己的老部下刘勋。孙策对反复无常的袁术特别失望。

> 袁叔，这又是咋回事！

> 大侄子，不是不信任你哦，太守这个岗位不好干，叔怕你把持不住啊！

刘勋

庐江太守

133

被袁术忽悠两次的孙策伤了自尊。他觉得袁术不是个值得效忠的人，就以回江东为袁术募兵为由要离开。袁术知道孙策对自己不满，就顺水推舟放走了孙策，临走前只给了他一千多名士兵和几十匹马。

放孙策回江东，那不是放虎归山嘛！

没事！孙策这点兵马成不了什么大事！

术知其恨，而以刘繇据曲阿，王朗在会稽，谓策未必能定，故许之。
——《江表传》

然而，事情的发展远远超出袁术的预料。孙策走后，一路上不断有人慕名来投奔他，等孙策到江东，手里的兵马已经发展到五六千。

少主，又有几百人过来投奔！

这么多人追随，我的偶像光环真是耀眼啊，哈哈哈！

黄盖

第八章 江东少主

在好友周瑜的接应下，孙策带兵渡过长江，一路势如破竹，先后击败扬州刺史刘繇、吴郡太守许贡、会稽太守王朗，短短两年时间就横扫江东，基本控制了江东的半壁江山。他的军队纪律严明，百姓十分拥戴他。

哈哈，简直就是爽文剧本啊！

建安二年（公元197年），袁术称帝引起公愤，孙策马上与他决裂。朝廷表彰孙策，让他做了讨逆将军，封为吴侯，从此孙策有了一个新绰号："孙讨逆"。在《三国演义》中，孙策的外号叫"江东小霸王"。

我爹绰号"孙破虏"，我的绰号叫"孙讨逆"，但是"江东小霸王"这个绰号也不错！

135

不久，众叛亲离的袁术吐血而亡。他手下的将领张勋想归顺孙策，却被庐江太守刘勋击败俘虏了。孙策知道后假意与刘勋结盟，忽悠刘勋去攻打上缭。

> 老刘我跟你说，上缭是个易攻难守的好地方，你轻松就能拿下它！我会背刺……哦不，我会背后支援你的！

> 小孙你够意思！我这就去拿下上缭！

天真的刘勋刚出兵，孙策和周瑜就偷袭了刘勋的大本营皖城。刘勋回去救援又被孙策击败，只好去投奔曹操。

> 这年头，谁讲武德谁吃亏啊，哈哈哈！

> 孙策！你竟然忽悠我！不讲武德！

第八章 江东少主

拿下皖城后，孙策俘虏了很多人，其中有一位桥公，桥公有两个女儿，真实姓名不详，大女儿被称作大桥，小女儿被称为小桥，她们都是绝色美女。孙策娶了大桥，周瑜娶了小桥（《三国演义》中称为"乔公、大乔、小乔"）。

> 这一战，不但收获了胜利，也收获了爱情！

> 帅哥配美女，般配，真是太般配啦！

周瑜　小桥　大桥　孙策

此时的孙策兵强马壮，是时候为父亲报仇了。他率军攻打荆州黄祖，双方在沙羡开战。孙策手下良将如云，在周瑜、吕范、程普、孙权、韩当、黄盖的猛攻下，黄祖大败。这一仗，孙策缴获六千多艘战船，金银财宝无数。

> 这下咱们算是发了财了。

> 什么发财，主要是为父报仇！

137

击败黄祖后，孙策转头向豫章进军。豫章太守华歆是一个久负盛名的好官，孙策通过劝降，兵不血刃拿下了豫章郡。从此，孙策成了名副其实的江东之主，实力强大。

长江以南谁最强？看我江东小霸王！

江东之王

另一边的曹操正准备在官渡迎战袁绍，害怕孙策偷袭许都，就让自己的侄女嫁给了孙策的小弟孙匡，又让儿子曹彰迎娶孙策堂兄孙贲的女儿。

大侄子，咱们孙曹两家双喜临门，亲上加亲啊，你不会背刺我了吧？

我尽量不做那种事！

其实孙策根本就没把和曹操联姻的事放在心上。建安五年（公元200年），曹操与袁绍在官渡拼命时，孙策计划袭击曹操的许都，把献帝刘协抢过来。

曹操正忙着在官渡和袁绍互掐，我们现在出兵就能轻松拿下许都，刘协那个吉祥物唾手可得。到时候，挟天子以令诸侯的人就是我啦，哈哈哈！

第八章 江东少主

如果孙策的计划实施了，那官渡之战的结局就不好说了，然而命运并没有给孙策改写历史的机会。偷袭许都的计划还没实施，孙策在一次打猎的途中，被自己的手下败将吴郡太守许贡的三个门客袭击，孙策面部中箭受了重伤。

你们也太不讲道德了！怎么能往人脸上射箭呢？不死也得破相啊！

我瞄的明明是前胸啊！不好意思，射偏了！

先是，策杀贡，贡小子与客亡匿江边。策单骑出，卒与客遇，客击伤策。——三国志

受了重伤的孙策知道自己撑不住了，就把十九岁的弟弟孙权叫到身边，把江东基业托付给他，之后在当天夜里去世，年仅二十六岁。

弟弟啊，带兵打仗，纵横天下，你不如我。但举贤任能，守护江东，我不如你啊！江东以后就交给你了！

139

孙策十七岁开始创业，一千兵马起家，靠着过人的胆识与勇气创下江东基业。孙策死后，很多人并不愿服从年少的孙权，局势动荡。最后，在张昭和周瑜的力挺下，孙权才掌控住江东。

少主少主，我们支持你！

文有张昭，武有周瑜，看谁敢欺负我！

周瑜　张昭

孙权为人仁义，多谋擅断，爱惜贤才，名声并不比父亲和哥哥差，他从十六岁起就跟随哥哥南征北战。孙策死后，他平定了江东各地的叛乱，随后开始广纳贤才，将诸葛瑾、鲁肃、严畯等招致麾下，实力大增。

家里稳定了，是时候出去走一遭了！

孙权没有忘记杀父之仇。稳定江东后，孙权在五年间三次讨伐江夏郡黄祖，最终击杀黄祖，拿下一部分江夏郡的地盘。

终于报了杀父之仇！

到头来还是没有躲过老孙家的制裁啊，嘤嘤嘤！

黄祖

第八章 江东少主

其实孙权的目的不仅仅是报仇，当时曹操已经基本统一北方，渡江南下是迟早的事。孙权招来的新员工鲁肃建议孙权先拿下荆州，再依托长江天险与曹操对抗。而江夏郡就是荆州东部的门户。

曹操早晚要挥师南下，我们想和他对抗就得先拿下荆州……

先生说得对，我先拿小本本记下来！

鲁肃

荆州

鲁肃的计划很不错，孙权也打算实施，但是有点来不及了，因为曹操已经来了。刘表已经死了，荆州已经降了，曹操还给孙权写了一封恐吓信。

小孙将军，我奉旨出兵南下，现在荆州已经投降了，我手里有八十万大军，到时候约你在江东一起打猎哦！

什么打猎，这分明是恐吓！

141

眼看打荆州的策略泡汤了，鲁肃又给孙权想了另一个办法来对抗曹操，那就是联合刘备。

主公别慌，我以祭拜刘表的名义去趟荆州，看看能不能联合刘备一起对抗曹操。

就按你说的办！速度快点！跑步前进！

当初刘备投奔刘表，刘表让他驻守新野为荆州看门。荆州投降了，刘备在干吗？他在荆州的几年又发生了什么事？

我在忙着逃命呢！一切说来话长，等我安全了再慢慢给大家讲！

哎呀，主公您慢点，我跟不上啦！大家好，我叫诸葛亮，"亮晶晶"的"亮"，咱们下章见！

诸葛亮

戏说三国

顾曲周郎

因为周瑜英俊潇洒，风流倜傥，人们都称他为"周郎"。在打仗时他是个好将领，生活中他是个音乐天才。周瑜精通音律，据说还擅长弹奏古琴。他在喝酒的时候喜欢让人演奏曲子助兴，而且即便他喝醉了，也能听出演奏者乐曲中细微的错误，并且会走到乐师跟前指导纠正。成语"曲有误，周郎顾"就源于此。

赵云

第九章 荆州之变

曹操扫平北方后，准备南下统一天下。江东孙权派鲁肃去找刘备商量合作对抗曹操的事情。当时荆州已经投降，时间紧迫，鲁肃日夜兼程，终于在当阳长坂找到了准备渡江的刘备，此前刘备一直被曹操穷追猛打。

小备你怎么这么狼狈？

别提了！几年前我到荆州给刘表看门……哦不，帮他驻守新野，然后……

鲁肃

当初刘备来到荆州投奔刘表，刘表让他驻守新野。虽然刘备一直颠沛流离，还换了好多任老板，但是他在荆州的名声很好，好多人都来与他交朋友，这引起了刘表的猜忌。

刘老板！久仰大名！

以后就和您混啦！

他们搞错了吧？我才是真正的刘老板！看来我得提防着点刘备了！

刘表

第九章 荆州之变

刘表怕刘备威胁到自己的地位，就不给刘备建功的机会。当时北边的曹操忙着清除袁绍的残余势力，江东孙策被刺杀，继承者孙权忙着平定内部的动荡局势。大家都很忙，只有刘备很闲，从青年创业者变成中年创业者的他有些郁闷。

> 我都奔五十岁的人了，颠沛流离这么久，什么成绩都没做出来，退休后连生活保障都没有，好难过啊，嘤嘤嘤！

郁闷

虽然刘备在事业上没有什么进展，但他并没有放弃奋斗。在新野期间，刘备非常器重的员工徐庶为刘备推荐了一个顶级人才，那就是诸葛亮。

> 这是我的学霸朋友诸葛亮，人送外号"卧龙"，是个超级人才，你得亲自去请！

徐庶

姓名：诸葛亮
年龄：二十七
身高：一米九

爱好：种田、唱歌、旅游

口头禅：我的才能完全可以和管仲乐毅相媲美

> 老板上门请员工，从来没听说过！

147

刘备对诸葛亮的简历十分满意，他亲自来到诸葛亮位于隆中的住处，但赶上诸葛亮出门旅游不在家。刘备没有放弃，又去了一次，诸葛亮还是不在，直到第三次去隆中才见到诸葛亮。

我一直想让大汉中兴，但是能力有限，创业总是失败，咋办啊？！

你先别急，让我先做个自我介绍，大家好，我叫诸葛亮，"亮晶晶"的"亮"！

诸葛亮

庶曰："此人可就见，不可屈致也。将军宜枉驾顾之。"由是先主遂诣亮，凡三往，乃见。——《三国志》

诸葛亮，字孔明，号"卧龙"，出生在琅琊郡阳都（今山东省沂南县）的一个名门大家。他父母去世得早，一直由叔叔诸葛玄照顾，后来诸葛玄带诸葛亮来到荆州，投奔了老朋友刘表。

老表，这是我大侄子诸葛亮，我们来你这儿讨生活了！

都是哥们儿，不要客气！你这大侄子真是一表人才！

诸葛玄

刘表

第九章 荆州之变

来到荆州没多久，诸葛玄便去世了，诸葛亮就来到隆中过起了隐居生活，平时种地旅游，偶尔与徐庶、石韬、孟建等好友聚聚会。

> 你们以后至少能当个刺史或者郡守！至于我呢，大家拭目以待吧，哈哈哈！

徐庶　石韬　孟建

在诸葛亮二十七岁那年，第一次见到了四十六岁的刘备，两个人一见如故。博学多才的诸葛亮为刘备制订了一个长远的发展计划，而后来几十年的历史走向几乎和诸葛亮的推测一模一样。诸葛亮和刘备的这段对话被后世称为"隆中对"。

> 曹操太强暂时不能硬刚；孙权适合做朋友结盟；你应该先拿下荆州，再向西南方向发展。刘将军你人缘这么好，到时候一定会有好多人支持你的！

> 照先生这么说，未来将是我与曹操、孙权"三分天下"的态势啊！

经过隆中的面谈，刘备顺利聘请诸葛亮出山辅佐自己。之后他们两个人经常促膝长谈，几乎形影不离。这让关羽和张飞很不高兴，非常嫉妒。

大哥不爱我们了，嘤嘤嘤！

以前和大哥坐在一起的是咱俩！

没有，但我有点脊背发凉，好像被谁盯上了呢。

谁家的醋坛子倒了？好大的酸味啊！军师你闻到没？

虽然诸葛亮给刘备制订了长远计划，但这些计划实施起来难度太大，毕竟刘备自己还寄人篱下呢，而且还被老板刘表处处提防着。

孔明啊，你的创业计划天衣无缝，但我现在没能力对抗我的老板刘表啊！

不怕，刘表不行，我们就从刘表的儿子身上下手。

第九章 荆州之变

刘表的大儿子叫刘琦，小儿子叫刘琮。刘表原本很喜欢刘琦，但刘表后娶的老婆蔡氏与刘表小儿子刘琮更亲近，就经常在刘表面前贬低刘琦、夸刘琮。刘表因此开始疏远刘琦。

> 亲爱的表，你大儿子刘琦在背后总说你坏话，还是小儿子刘琮对你忠心耿耿！

> 我最讨厌背后说人坏话的人，我说最近怎么总是看刘琦不顺眼！

不仅如此，蔡夫人的弟弟蔡瑁和刘表的外甥张允势力强大，和蔡氏是一伙的，总是针对刘琦。刘琦怕这些人伤害自己，就找诸葛亮出主意，诸葛亮却一直不愿帮忙。刘琦只好采取强硬措施，他把诸葛亮约到楼上吃饭，然后把楼梯撤走了……

刘琦

> 那我就给你个主意吧：家里不安全，就出去躲躲！

> 诸葛先生，家里人都要害我，你得帮我出出主意。现在就咱们俩，先生但说无妨。

刘琦明白了诸葛亮的意思，跑去江夏避难了。另一边，已经平定北方的曹操在积极训练水军，准备南下攻打荆州。同时，曹操废掉"三公"制度，封自己做了汉朝丞相。

> 曹爱卿忠君爱国，居功至伟，朕现在封你做我大汉的丞相！

> 我大权独揽的事也算是得到官方认证啦，哈哈哈！

丞相

先后剿灭吕布、扫平袁绍，北击乌桓，战无不胜，牛哄哄的曹操不再把任何对手放在眼里。建安十三年（公元208年）七月，曹操挥师南下向荆州进发，目标是一统天下。

刘表　　孙权　　刘备

一统天下

> 荆州刘表优柔寡断，东吴孙权乳臭未干，这天下还有谁能阻挡我曹操?!谁？刘备？给刘表看门的那个？

第九章 荆州之变

　　此时的荆州可以说是内忧外患。就在曹操大军杀过来的时候，荆州之主刘表病重，他想把荆州托付给刘备，刘备觉得自己不该乘人之危，就拒绝了。

玄德啊，我的儿子们都没什么能力，手下也没有强悍的将领，荆州就交给你啦！

使不得啊，您的儿子还是很优秀的，您还是安心养病吧！

　　刘表去世后，蔡瑁等人拥戴刘琮继承了荆州。面对来势汹汹的曹操大军，缺少主见的刘琮经过一番思虑，就不费一兵一卒地主动投降了。

曹丞相，以后我就和您混……哦不，是和朝廷混啦！

不用在意这些细节，朝廷就是我，我就是朝廷！

刘琮

　　刘琮有件事做得很不地道，就是他没把投降的事告诉刘备。为他驻守樊城的刘备过了很久才知道这件事，那时曹操的大军已经到了宛城，离刘备很近了。

刘叔啊，有件事忘了告诉你，我已经投奔我曹叔了，你随意，随意哈！

你投降了倒是早点告诉我啊！曹军都快到我眼前啦！

153

因为刘琮先投降了，措手不及的刘备无力抵抗曹操，只好率军南下逃跑。诸葛亮建议刘备去打刘琮，抢在曹操之前把荆州夺过来，刘备没同意。

主公，刘琮那小子不讲究，咱们去收拾他吧！

大家都姓刘，多少也是沾亲带故的，不合适、不合适。

刘备没打刘琮，只是去祭拜了一下刘表就继续跑路了。跑着跑着刘备发现身边的人越来越多，跑到当阳县的时候，身边已经有十几万人了，原来是很多百姓想追随刘备。刘备的手下觉得带着百姓会拖慢行军速度，建议刘备抛下百姓，刘备拒绝了。

什么累赘！这些都是愿意追随我的铁杆粉丝，我不能放弃他们！

带着这么多累赘走得太慢了，曹操很快就会追上我们！

第九章 荆州之变

刘备命令关羽乘船数百艘走水路先行，约定在江陵会合，自己则带着百姓一起行军。带着行李和家眷的百姓毕竟走得慢，当走到当阳长坂时，曹操的骑兵追上来了，刘备的军队一触即溃。

跑路还带这么多累赘？活该被我们追上！

主公，咱们谁拉着谁呀？！

孔明不要拉着我！我要留下保护我的粉丝们！

曹操的骑兵紧追不舍，刘备派张飞去阻挡曹军，张飞只带着二十几个士兵将曹操大军堵在了当阳长坂的一条河前。他瞪大眼睛扯开嗓子大声叫阵，人数众多的曹操大军竟然吓得没人敢靠近，刘备侥幸逃过一劫。

过桥收费！每人一百万！

这么贵？太黑了吧？

这家伙好吓人啊！我们先撤！

长坂桥

155

刘备逃跑的时候，竟然抛下了自己的妻子和儿女。身边的猛将赵云也不见了。有人告诉刘备说赵云投降曹操了，刘备挥手就将戟扔向告状的人。

> 主公，赵云突然失踪，我看他一定是投奔曹操去了！

> 不可能！赵云绝对不会背叛我！不许你胡说！

初，先主之败，有人言云已北去者，先主以手戟擿之曰："子龙不弃我走也。"顷之，云至。［云别传］

赵云真的背叛刘备了吗？当然没有，他听说刘备的妻子儿女不见了，就掉头重回乱军之中寻找，很快就带着刘备的儿子刘禅和妻子甘夫人回到了刘备身边。

> 赵云你真是讲义气啊！就知道你不会抛弃我，嘤嘤嘤！

> 那当然，我赵云的"云"可是"义薄云天"的"云"！

赵云

甘夫人

第九章 荆州之变

赵云，字子龙，常山郡真定人，他又高又帅又能打，出道的时候追随公孙瓒南征北战。以赵云的颜值和武力来判断，他很有可能就是公孙瓒"白马义从"之中的一员。早在那时候，赵云就认识了投奔公孙瓒的刘备，二人一见如故。

这位是我的老同学刘备，这位是我的员工赵云。

赵老弟，你长得真帅啊！

老哥，你耳朵真大啊！

公孙瓒

后来因为哥哥去世，赵云辞职回了老家。几年后，赵云在袁绍那里又遇到了刘备，他们吃住都在一起，友谊日渐深厚。

刘老哥！你又换老板了？见到你真高兴！

别提了，我一天换八个老板！

离职

157

这次遇到刘备，赵云就决定追随他，后来又跟随刘备到荆州投靠了刘表。不久后曹操派兵来打刘备，却在博望坡被刘备反攻。在这场战斗中，赵云在战场上抓到了曹操的将领夏侯兰。

主公，这俘虏叫夏侯兰，是我老乡，能不能放过他？

子龙的老乡就是我老乡，就让他在我手下工作吧！

夏侯兰

后来就是赵云在乱军中救回刘备妻儿的事情。在《三国演义》中，刘备的两个老婆甘夫人和糜夫人还有儿子刘禅在乱军中失踪，已经与曹军厮杀一夜的赵云冲回乱军中寻找他们的踪迹。

我就是上天入地也要把小公子和两位夫人救出来！不然我宁可战死在沙场上！

三国演义

第九章 荆州之变

三国演义

淳于导:好快的枪!你倒是让我先做个自我介绍啊!

忙着救人呢,没时间听你的自我介绍。

夏侯恩:好快的枪!你……

你什么你!赶紧杀青下线,我还着急找人呢!

赵云边找人边杀敌,四处都是曹军的喊杀声及流民的哀号声。终于,他在难民中找到了刘备的妻子甘夫人。不幸的是,就在此时,曹军将领淳于导带兵杀过来了。赵云没有废话,冲上去一枪就干掉了淳于导,随后抢了两匹马将甘夫人送到了安全的地方。

救回甘夫人后,赵云又一次回到乱军中寻找刘备的儿子刘禅和糜夫人。路上遭遇曹军将领夏侯恩带兵过来,赵云也不废话,提枪一个突刺将夏侯恩刺落马下。周围的曹军四散而逃,赵云从夏侯恩那里夺得了一把名叫"青釭"的宝剑。

159

杀死夏侯恩后，赵云再次杀入重围，一边与曹军血战一边找人，终于在一户人家的枯井旁找到了糜夫人和刘禅。大量曹军杀到，赵云一边血战一边掩护糜夫人逃走。身受重伤的糜夫人为了不成为拖累，就将襁褓中的刘禅托付给赵云后投井自尽了。赵云杀退敌军后将刘禅护在怀中，随后提枪上马。

> 少主，我一定会把你救出去的！

三国演义

赵云先是遭遇了手持三尖两刃刀的曹将晏明，然后只用了三个回合就把晏明刺死了。

> 好快的……

> 小角色就少废话吧！

晏明

三国演义

160

第九章 荆州之变

赵云刚杀出一条血路又遭遇了曹操的猛将张郃，双方大战十几个回合。赵云没有恋战，带着刘禅突围了出去。紧接着，赵云又被四位曹军大将夹击，四周成百上千的曹军也像潮水一般围了上来，此时赵云化身战神，一人一马一枪一剑，生生在乱军中杀出了一条血路。

喝！

军中战将可留姓名？

吾乃常山赵子龙也！

曹洪

赵云的神勇表现惊呆了远处观战的曹操。曹操是个爱才的人，很想把赵云从刘备那里挖过来。他此时还不知道赵云的名字，急忙派曹洪去战场询问。

161

三国演义

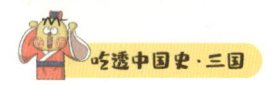

曹操给全军下令不许对赵云放冷箭，想要抓活的，却没想到赵云此时已经杀疯了。面对万军围堵，赵云左突右进浴血奋战，再次杀出了一条血路突出大军重围。但很快赵云又在山坡下遇到钟缙、钟绅率领的曹军，然而没几个回合，钟缙被赵云一枪刺死，钟绅被赵云的青釭剑斩杀。

> 咱们被杀的场面有点血腥，只能以这种姿态亮相了……

钟缙　钟绅

> 这场戏配角都下去好几批了，主角怎么还不下线啊，嘤嘤嘤！

浴血奋战两天一夜的赵云体力已经到了极限，好在他终于撑到长坂桥遇到了守在那里的张飞。赵云让张飞断后，自己过桥回到了刘备身边。他跄踉着将刘禅交给了刘备，刘备见浑身是血的赵云十分心疼，竟然将自己的儿子扔到了地上。

> 为了这么一个小孩差点让我的爱将丧命！我好内疚啊，嘤嘤嘤！

> 主公为了我连自己孩子都摔，这么重视我，我以后一定肝脑涂地回报主公！

第九章 荆州之变

另一边，张飞将追击的曹军阻拦在当阳长坂桥前，他让士兵在远处扬起尘土。曹操亲自率领麾下猛将赶来，看到张飞一人立在桥上，又看到远处尘土飞扬，怀疑有埋伏，一时不敢上前。张飞扯开嗓门叫阵，发出雷霆一般的声音，竟然把曹操手下夏侯杰的肝胆都震破了。曹军落荒而逃。

我乃燕人张翼德也！谁敢与我决一死战？！

这大嗓门太厉害了！快跑！再不跑耳朵就聋啦！

啊！哪儿来的雷声！我的肝胆被震碎啦！

三国演义

在史料记载中，当阳长坂战斗中的赵云和张飞虽然不像《三国演义》刻画的那么传奇，但确实是帮助刘备躲过了一劫。不过，曹操继续追击是迟早的事。刘备打算从当阳过江去南边发展，就在这时他见到了日夜兼程赶过来的鲁肃。

事情就是这样，我是被曹操一路锤到这儿的！我估计他下一个要锤的就是你家孙权。

所以我们可以合作，一起对抗曹操啊。

鲁肃

163

戏说三国

初出茅庐首建功

刘备三顾茅庐终于让诸葛亮出山辅佐自己，而关羽和张飞对诸葛亮的真实能力很有质疑。加上刘备对诸葛亮特别好，更是让张飞和关羽十分不爽。

孔明，我得到你就像是鱼儿得到了水一样啊！

小备，你就像条鱼儿在我的荷塘啊！

不久后，曹操派夏侯惇率军十万进攻新野，刘备让关羽和张飞准备迎战，他们却借机嘲讽起来。

哥哥不是说那诸葛亮是水你是鱼吗？打仗的事应该去找"水"啊！

哼！

打仗既需要孔明的智谋，也需要你们的勇武！快准备迎敌！

诸葛亮知道张飞、关羽不会听从他的命令，就把刘备的宝剑和印绶借来强制他们听命。诸葛亮给关羽、张飞、赵云等将领各自分配了任务，计策环环相扣，逻辑清晰，还把曹军的行军路线和时间都算出来了。

说得头头是道，我看他纯属吹牛！

要是他的布置有一点不对，看我回来怎么教训他！

明天黄昏，曹军必然会到达博望坡！

诸葛亮布置完战术就去准备庆功宴了。另一边，夏侯惇率军按时来到博望坡，遇到赵云，赵云假装战败逃走，将夏侯惇的大军引诱到四周都是干芦苇的小路上。只听一声炮响，曹军四周突然起火，秋风一起，大火向曹军烧去。曹军大乱，不是被烧死就是被踩死。看到火光的关羽和张飞各自带兵袭击曹军后方，将夏侯惇大军的粮草全给烧了。之前假装败走的赵云也趁乱杀回，本就大乱的曹军顷刻间尸横遍野，一败涂地。这件事后，所有人都认可了诸葛亮的才智。

这场战斗和孔明预料的丝毫不差，他太厉害了！

孔明真是豪杰啊！

诸葛卧龙初出隆中，一切尽在掌控之中！

周瑜

第十章 孙刘联盟

曹操统一北方后之所以马上就率军南下，除了看急统一天下，还有一个原因就是孙权击败黄祖，马上就要吞并荆州了。

统一天下

孙权要吞并荆州？那怎么行？我必须要赶在他前面！

曹操

江东孙权自知不是曹操的对手，就派鲁肃去找刘备看看能不能合伙打曹操。鲁肃在当阳长坂找到了刘备，刘备同意合作，但他首先得想办法保住小命，因为曹操大军把他追到了沔（miǎn）水河边。

小鲁你来得还真是时候，合作的事没问题！

刘备

你这前有大河，后有追兵，答应合作也总得先活下来吧？！

鲁肃

第十章 孙刘联盟

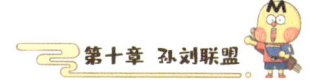

当时刘备被堵在汉津渡口，而且没有过河的船只，处境十分危急。幸运的是，他在渡口遇到了关羽率领的船队，这才成功渡过沔水。

云长啊，你终于来了，不然我只能游泳过河啦，嘤嘤嘤！

那我得给你备个救生圈啊。

刘备过河后，遇到了刘表长子刘琦率领的一万多兵马，两军一起到达夏口。弱小的刘备很需要盟友，虽然鲁肃提出孙刘联盟的建议，但鲁肃毕竟不能代表整个江东，刘备需要派人去趟江东商量合伙的事，诸葛亮自告奋勇接下了这个任务。

鲁肃只是一个代表，不知道江东其他人愿不愿意啊！

我去江东说服孙权！

诸葛亮

169

另一边，在柴桑驻军的东吴孙权阵营正在开大会，主题就是"曹操来了，咱投降还是反抗"。主张投降的占大多数，其中代表人物就是头号文臣张昭。张昭曾经很受孙策尊敬，所以他一发话，孙权也不敢直接反对。

曹操实力强大，又打着大汉天子的名号，名正言顺，我们应该投降！

张昭

这……让我再考虑考虑吧。

孙权

年轻气盛的孙权不想投降，但是他却无法说服手下的大臣，也不知道自己能不能打过曹操。就在这时，诸葛亮到达柴桑，在孙权面前一顿分析，让孙权有了抗击曹操的信心。

曹操追了我们几百里已经累坏了，而且曹军主力都是北方人，不擅长水战……

听你这么一说，我有机会打赢啊。

孙权虽然有对抗曹操的信心，但他却无法说服主张投降的老臣们，就把与张昭同等地位的武将之首周瑜找了过来。周瑜的态度很明确：反抗到底。

> 大都督，曹操打过来了，我们要不要反抗？能不能打得过呢？

> 当然要反抗！曹操表面上是丞相，实际上是贼臣；他的士兵很多都是后来投降的降兵，战斗力很差；曹军后方还有西凉马腾在威胁他……

周瑜

在诸葛亮和周瑜的推动下，孙权力排众议，正式决定联合刘备对抗曹操。他任命周瑜、程普为左右都督，两位都督率领三万水军来到樊口与刘备会合，孙刘联盟顺利达成。

> 大都督只带了三万兵马过来，是不是少了点？

> 不少，不少，你就等着看我怎么暴揍曹操就好！

建安十三年（公元208年），曹操拿下荆州，在击溃刘备后率水军从长江顺流而下准备进攻东吴。孙刘联军从樊口出发逆水而上迎战曹操，双方在长江赤壁一带遭遇，大战一触即发。

> 周瑜小朋友，我今天就告诉你什么叫无敌舰队！

> 哼！和我比水战，你就是个门外汉！

在《三国演义》中，孙刘联盟的达成可以说是一波三折，诸葛亮跟随鲁肃来到了东吴柴桑。孙权正在这里驻军观望荆州局势，孙权想对抗曹操，张昭等大臣想投降。诸葛亮在见孙权以前，就被张昭的投降派各种挖苦刁难。

三国演义

叽叽喳喳

> 你把自己和管仲、乐毅相比，你要真像人家那么厉害，刘备还能被曹操追着打？ — 张昭

> 曹操一百多万兵马，上千战将，凭你的能力挡得住他吗？ — 虞翻

叽叽喳喳

> 你难道想学苏秦和张仪那样忽悠我们东吴吗？ — 步骘

> 曹操兵强马壮，手握大半江山，大汉灭亡是天意，我们投降曹操就是顺应天意！ — 薛综

第十章 孙刘联盟

面对众人刁难，诸葛亮从容不迫，靠着自己过人的智谋和出众的口才舌战群儒，把那些主张投降的东吴大臣说得理屈词穷。

我主公刘玄德靠几千兵马就在博望坡击败夏侯惇十万大军，管仲、乐毅都不一定能做到，即便现在被曹操追着打也没有放弃抵抗，总比你们坐在这儿吹牛强！

曹操的百万大军在我眼里就是一群蚂蚁，我主公区区几千兵马就敢和他对着干，你们东吴兵强马壮，却想着投降！你丢不丢人？

这个可以不用说。

三国演义

苏秦佩六国相印，张仪做了两次秦国丞相，都是对国家有功的人，你想把东吴交给曹操，竟然还有脸说苏秦、张仪是大忽悠？

身为汉臣，却说汉朝气数已尽，你可真是一个无君无父、不忠不孝、不仁不义的东西！我都不愿意搭理你！

正在双方辩论的时候,一人出现打断了他们的辩论,那就是东吴老将黄盖。

> 孔明啊,你是客人,他们却在这儿和你斗嘴,一点主人的风度都没有!对了,我叫黄盖,"盖饭"的"盖"!

> 黄将军客气了,其实我骂得挺过瘾的!

黄盖

在黄盖和鲁肃的引导下,诸葛亮见到了只比自己小一岁的孙权。孙权主动上前问候,十分礼貌。诸葛亮觉得眼前这碧眼紫髯的帅小伙相貌不凡,寻常的话术说不动他,打算先激怒孙权试探一下。

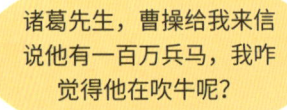

吾辈楷模

> 诸葛先生,曹操给我来信说他有一百万兵马,我咋觉得他在吹牛呢?

> 他没吹牛,据我分析曹操水陆两军足有一百五十多万!您要是害怕了想投降也没毛病,反正我家小备是不会投降的!他可是汉室宗亲,盖世英雄,我辈楷模……

第十章 孙刘联盟

孙权听出了诸葛亮话里话外都在讽刺自己，他很生气，却没有当场爆发，只是起身离去。一旁的鲁肃了解情况后赶紧追上孙权，这次孙权忍不住了。

诸葛亮分明是瞧不起我！让他滚蛋！

主公啊，其实孔明心里已经有了击败曹操的好计策，刚才他是故意激怒你！让你能下定决心对抗曹操！

孙权虽然年轻，但十分明白道理，听了鲁肃的话，他马上就设酒宴给诸葛亮道歉，并虚心向他请教击败曹操的计策。

孔明先生，刚才是我不礼貌，听说你有对抗曹操的好办法？

三国演义

曹操虽然兵马多，但其中大多数都是投降过来的，战斗力很差。此外曹军大多数都是北方人，来这边水土不服，肯定会有很多人生病失去战力……

175

听了诸葛亮的分析，孙权更倾向与曹操一战。诸葛亮刚走，以张昭为首的投降派就来劝孙权投降，鲁肃又在一边劝他对抗。两边人在他耳边轮番轰炸，搞得孙权整天寝食难安。

那些投降的人只是为了保全身家性命，真要投降了，他们还能去曹操那儿打工，您是主公，可就小命不保啦！

主公啊，你不能听诸葛亮的忽悠啊！那么强的袁绍都被曹操收拾了，我们打不过他的！

我该怎么办啊，嘤嘤嘤！

现在整个东吴都在等一个重量级的人物拿主意，那就是正在鄱阳湖练兵的大都督周瑜。周瑜听说曹操大军进逼东吴，马上就回到了柴桑。他刚到住处，张昭、程普、黄盖、诸葛瑾等东吴重臣就轮番来拜访他，有的劝他投降，有的劝他反抗。而周瑜则分别给了他们满意的答复。

大都督，我们投降吧！

没问题，我也是这么想的！

大都督，我们反抗吧！

没问题，我也是这么想的！

擦擦擦

第十章 孙刘联盟

这天晚上，周瑜见了很多人，最后一拨访客是诸葛亮和鲁肃。鲁肃很了解周瑜，他觉得以周瑜的性格一定会和曹操死磕到底，但没想到的是，周瑜竟然打算投降。

> 曹操实力太强，我们江东不是对手，所以我决定投降！

> 投降曹操？你还是我认识的周瑜周公瑾吗？

诸葛亮听到周瑜和鲁肃的话，看出周瑜只是在装模作样，他决定激怒周瑜，让周瑜将真实态度展露出来。只见诸葛亮笑了笑，给周瑜说了一个既能让曹操退军，也能让江东不受战火摧残的好办法。

> 曹操建了一座铜雀台，里面住着他从各地抢来的美女。他听说东吴有两个绝色美女大乔和小乔，扬言拿下东吴后就把她们抢去铜雀台侍奉自己。只要大都督找到这两个美女送给曹操就好了！

177

听到这番话，原本表现淡定自若的周瑜顿时面红耳赤，因为诸葛亮口中的大乔是孙策的妻子，小乔则是周瑜的妻子。

三国演义

> 曹贼竟然想抢我的老婆！这简直就是羞辱我！我和他势不两立！

> 阿嚏！大半夜的，谁在骂我？

其实诸葛亮知道大乔、小乔的身份，他见周瑜已经生气，诸葛亮又装模作样地给周瑜赔礼道歉。

> 孔明你有所不知，大乔是已故孙策将军妻子，小乔是我老婆！

真诚

> 哎呀，大都督，实在抱歉，我真的不知道这件事啊！

三国演义

> 大都督都发话了！谁要再敢和我提投降曹操的事，就和这桌案一个下场！

> 曹操竟然想抢我老婆……哦不，竟敢抢我东吴的地盘，我要和他血战到底！

刘孙联盟

> 联盟达成了，大军集结了，曹操来势汹汹，所以我下一步的计划就是……除掉诸葛亮！

第二天早会上，孙权向周瑜征求意见，周瑜毫不犹豫表示要和曹操一战到底。得到了周瑜的支持，孙权当着文武官员的面，抽出宝剑斩断身前的桌案一角，向投降派表露自己的决心。

其实，在史料记载中，"孙刘联盟"正式达成后周瑜立即就去与刘备合兵，而在《三国演义》中，周瑜却有着不一样的计划。

第十章 孙刘联盟

179

戏说三国

文姬归汉

曹操曾在邺城大兴土木建了一座铜雀台，铜雀台高将近三十米，有一百多间房屋，巍峨壮丽，金碧辉煌。铜雀台建成后，曹操召集文武官员和儿子们在铜雀台上设宴会，他命令文官作诗，武将比武。

曹操的儿子曹植文采出众，作出名篇《登台赋》并流传至今。

后来，曹操花重金赎回了流落在南匈奴的才女蔡文姬。蔡文姬是汉末大文学家蔡邕的女儿。汉末天下大乱，原本臣服于汉朝的南匈奴挥师南下趁火打劫，蔡文姬被抢回匈奴做了左贤王的妻子，被困在南匈奴十二年。曹操出于对蔡邕的怀念，将蔡文姬从南匈奴救回。据说，曹操在铜雀台宴请蔡文姬，蔡文姬在那里表演了自己创作的著名诗歌《胡笳十八拍》。

……我怨气兮浩于长空，六合虽广兮受之应不容。

好可怜的经历啊，嘤嘤嘤！

诸葛亮

第十一章 赤壁之战

吃透中国史·三国

东吴孙权与刘备顺利结盟，他们对击败曹操信心满满。曹操此时却十分苦恼，因为他的士兵很多都是北方人，来到南方水土不服，军中发生了传染性极强的瘟疫。

> 哇！好大的野猪！我要抓来烤着吃！

> 你才是野猪呢！

> 不好，又有人得瘟疫出幻觉啦！快跑啊！

荆州投降后，曹操帐下的谋士贾诩曾经劝曹操休个假，不要着急去打东吴，但曹操是个工作狂，放弃了给自己休假的机会，坚持要拿下东吴。

> 丞相这些年工作成绩这么好，应该给自己休个假，东吴早晚会投降的！

贾诩

> 我不！统一天下就差一步，我等不及啦！

曹操

184

第十一章 赤壁之战

曹操率领水军顺长江而下，在赤壁一带遭遇了孙刘联军的战船。虽然曹军在陆地上战无不胜，但毕竟水战经验欠缺，加上军中闹瘟疫大家心态都不太好，曹操与周瑜的第一场较量以曹操的失败告终。

我水土不服！我，我，我晕船！让我先适应适应再和你们一战！

我看你就是旱鸭子下水，找淹！

周瑜

首战失利后，曹操的水军驻扎在长江北岸的乌林，孙刘联军驻扎在长江南岸的赤壁，双方隔江对峙，即将迎来真正的大战。

185

三国演义

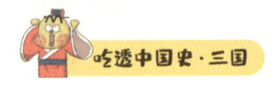

在《三国演义》中，周瑜是一个器量狭小的人，他嫉妒诸葛亮的足智多谋，想除掉诸葛亮。他命令诸葛亮在十天之内造出十万支箭来，造不出来就得军法从事，没想到诸葛亮不但答应了，还将难度升级，把造箭时间缩短到三天，又立下了军令状。

> 诸葛先生，现在军中缺箭，你能不能帮我在十天内造出十万支箭来？——周瑜

> 十天时间太长了，三天就行！我立个军令状，完不成任务就军法从事！——诸葛亮

十天造十万支箭，以当时的造箭水平来说根本就是不可能完成的任务，更别说三天。诸葛亮立下军令状后，周瑜心里乐开了花，认为诸葛亮死定了。

> 诸葛先生，三天后你得交给我十万支箭，军中无戏言，可不能吹牛啊！

> 不吹牛！就三天！我诸葛亮从不吹牛！

三国演义

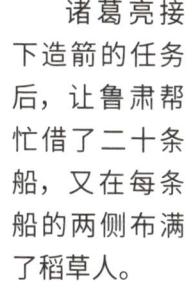

第十一章 赤壁之战

鲁肃：大都督让你造箭，谁让你造稻草人了？

你就放心吧，三天后，保证交出十万支箭！

这也太早了吧？你要请我吃早饭去吗？

吃什么早饭，我要你陪我去取箭！

这里离曹操水军这么近，你还敲战鼓挑衅？找死别带上我啊！

放心！江面雾大，曹操怕有埋伏，不敢出来！

诸葛亮接下造箭的任务后，让鲁肃帮忙借了二十条船，又在每条船的两侧布满了稻草人。

鲁肃为诸葛亮准备好了船只和稻草人，两天过去，诸葛亮却没有任何动静。直到第三天凌晨，诸葛亮将鲁肃请到了草船上。

诸葛亮命令船队向曹军方向驶去。当时长江上起了很大的雾，能见度特别低。船队行驶到曹操水寨附近后，各船调整角度将船打横，再一字排开，随后敲响战鼓向曹军挑衅。

187

曹操听到江上传来的战鼓声，又见大雾弥漫，他害怕中埋伏，没敢让水军贸然出击，只是命令一万名弓箭手向战鼓方向射箭。很快曹军的箭就像暴雨一样倾泻在诸葛亮的草船上，诸葛亮则在船舱中淡定喝酒。

草船借箭

三国演义

第十一章 赤壁之战

草船一侧挂满箭矢后，诸葛亮命令所有船掉转方向，让另一侧的草人受箭。很快，诸葛亮的二十条草船上布满了密密麻麻的箭矢，每艘船上至少挂了五六千支箭，诸葛亮超额完成十万支箭的任务。

江面上的大雾散去，曹操看到江面上挂满箭矢的草船，这才明白自己被忽悠了。另一边的诸葛亮还命令船上的士兵嘲讽曹操，可把曹操气坏了。

诸葛亮草船借箭彻底征服了鲁肃，又与周瑜不约而同提出了击败曹操的方法，那就是火攻。

三国演义

不费一兵一卒就从曹操那儿坑来了十万支箭，用曹军的箭射曹军，想想就刺激啊！

我熟知天文地理奇门阴阳，早在三天前我就料到今天会有大雾，一切都在我的掌控之中。

感谢曹丞相送箭！感谢曹丞相送箭！

坑我的箭又诛我的心？气死我啦！

咱们真是默契，同时想到火攻！

这个计策你知我知，记得保密！

189

其实在史料记载中，最先提出火攻策略的并不是周瑜和诸葛亮，而是东吴名将黄盖。

> 大都督，曹军的战船又多又密，我们不如用火攻，一把火烧了曹操的军队！

> 这一把火下去！想想就刺激啊！

古代的战船都是木制的，黄盖提出的火攻绝对是一种好战术，但是曹操不可能把战船停在那里任人焚烧。为了麻痹曹操，黄盖打算来个诈降。

> 我给曹操写一封投降信，当然是假装投降，这样就可以让曹操放松警惕，到时候我再找机会放火烧了他的船队！

很快曹操就收到了黄盖的投降信，他早就听说东吴有很多投降派，而且自己有着压倒性的兵力优势，所以对于黄盖投降，曹操并没有怀疑。

> 有什么好怀疑的！我兵强马壮，向我投降合情合理，荆州就是例子嘛！

第十一章 赤壁之战

三国演义

你周瑜也配命令我？我和先主公孙大刀到处砍人的时候，你小子还不知道在哪儿呢！

还敢嘴硬？给我狠狠打！打到他服气为止！

根据我方情报，周瑜确实把黄盖打了，所以黄盖确实有投降的理由啊！

曹丞相，你的士兵不擅长打水战，不如用铁环把船都连成一体，那样船就稳了。

这个办法太好了！真不愧是凤雏先生！

铁粉

在《三国演义》中，周瑜和老将黄盖当着所有人的面大吵了一架，周瑜还让人打了黄盖几十军棍。虽然打是真打，但吵是假吵，这是演给曹操的一出苦肉计，俗语"周瑜打黄盖，一个愿打一个愿挨"就出自这里。

黄盖被周瑜狠狠打了一顿后，就给曹操送去了投降信，开始曹操有些怀疑，但很快他就又收到了安插在周瑜军中内应的信证实了一下，这才相信黄盖是真投降。

黄盖投降让曹操很高兴，随后又发生了一件让曹操高兴的事，那就是庞统来投奔他了。庞统，字士元，绰号"凤雏"，与"卧龙"诸葛亮齐名，他给曹操提出了铁索连舟的计划。

在庞统的建议下，曹操连夜命令工匠制作铁环铁索，很快他的战船就被分组连成一体。这一切都是周瑜的计策，为的就是将曹操战船集中起来一起烧掉。

这么巨大的战舰，一个加速碾过去！想想就过瘾啊！

赤壁之战

那么一大堆木柴，一把大火烧过去！想想就刺激啊！

其实，在史料记载中，没有黄盖的苦肉计，也没有庞统的大忽悠，是曹操自己将战船连在一起的，他正积极准备接受黄盖投降。另一边，周瑜和黄盖也准备发动火攻了，赤壁决战一触即发。

黄盖投降后一定会有连锁反应，俘虏周瑜拿下江东指日可待！

最近刮的是东南风，对我们有利，到时候趁曹操放松警惕，就给他放一把大火！

在交战当天，周瑜命令黄盖准备了十几艘小战船，在船上装满了柴草和火油，黄盖率领船队向北岸曹操水寨进发。曹军看到远处的船队，以为是来投降的黄盖，不但没有任何防备，还跑出来看热闹。

你看，有敌船！

别担心，他们是来投降的！

第十一章 赤壁之战

在离曹操水寨不到一千米距离的时候，黄盖命令各船一齐点火。当时刮的正好是吹向曹营的东南风，十几艘燃着大火的小船借助风势狠狠撞在了曹军的战船上，曹操精心打造的"航空母舰"顿时陷入一片火海。

曹操的战船来不及分开，火势蔓延极快，孙刘联军趁乱发起进攻，曹军被烧死、跳江淹死的不计其数。大势已去的曹操只好撤退，临走前，还把自己剩余的完好无损的船全部烧掉了。

> 这些都是我的财产，就是烧了也不能留给周瑜和刘备！

赤壁这一战，曹操二十多万兵马彻底崩溃，原因很多，比如军中传染病肆虐、北方士兵水土不服又不擅长水战、曹操的轻敌态度……然而曹操并没有做战后总结的工夫，因为他正被刘备穷追猛打。

> 现在终于轮到我追着你打啦，哈哈哈！

> 你个败军之将得意什么！我早晚会回来的！

刘备常年被人追杀，难得有追杀别人机会的他哪里肯轻易放过曹操。着急逃命的曹操只能舍弃常规的撤军路线，冒险穿过泥泞不堪的云梦泽，再走华容道逃回了南郡。

> 丞相，这鬼地方到处是沼泽，好多士兵都陷进去没命啦！

> 没办法，刘备追得紧，路难走也比被刘备追上强啊！

第十一章 赤壁之战

三国演义

曹操最后一定会从华容道逃跑！我想安排你去那里截杀曹操，可是曹操曾经对你那么好，怕你心软再把他放了……

我当初斩颜良诛文丑，已经报答过曹操了，这次绝不会放过他，如果我没有拿下曹操就军法从事斩了我！

云长，当初我给你美食好酒，赠豪宅送豪车（赤兔），你却执意要走，过五关斩六将时还杀了我那么多将领，我都下令放你走了，今天你好意思杀我吗？

这……好吧，你走吧！

在《三国演义》中，赤壁之战后曹操也走了华容道，只不过他差点被诸葛亮玩死。回到江夏的诸葛亮给张飞、赵云、刘琦等人分配了任务，让他们在曹操逃跑的必经之路上设下重重埋伏，但唯独没给关羽分配任何任务。

在诸葛亮的谋划下，曹操在逃跑时先后被赵云、张飞等猛将追杀，好不容易逃出生天，又在华容道遇到了关羽。曹操知道自己没有逃生机会，就去和关羽攀交情，重情重义的关羽实在不忍心抓曹操，就把曹操给放了。

197

在真实的历史记载中，并没有关羽华容道义释曹操的桥段。但结局都是一样的，赤壁之战，孙刘联军以少胜多，战胜了曹操。

我才是这场战争的总指挥哦！

赤壁的王

我打仗输了半辈子，终于赢了一场大仗啊，嘤嘤嘤！

一统天下的梦想破灭啦，嘤嘤嘤！

赤壁之战后，孙权和刘备开始乘胜抢夺地盘，瓜分胜利果实，曹操回到北方后开始忙着稳定战败后的动荡局势。那后来又发生了什么事情呢？

走好不送！

后会无期！

胜败乃兵家常事，真正的较量才刚刚开始，你们给我等着！

在《三国演义》中，关羽曾经立下军令状要拿下曹操，却在华容道把曹操放走了，等待关羽的会是什么样的命运呢？

敬请期待不白吃漫画《吃透中国史·三国2》。我是不白吃，我真是太有文化啦！

戏说三国

横槊赋诗

赤壁之战奠定了天下三分的基础,也是历史上以少胜多的经典战例,史书上对这一场战争的记载并不多,但《三国演义》对赤壁之战进行了浓墨重彩的描写。在大战前,曹操以为自己胜券在握,就提前开起了庆功宴,还表演了独唱节目。

对酒当歌,人生几何!譬如朝露,去日苦多。
慨当以慷,忧思难忘。何以解忧?唯有杜康。
青青子衿,悠悠我心。但为君故,沉吟至今。

此时此刻我心中感慨万分,想高歌一曲,在场的各位随我一起嗨起来吧!

不白吃漫画系列

超 **7000万** 人都在看的我是不白吃漫画！

✦ 吃透中国史系列

吃透中国史，就看不白吃！

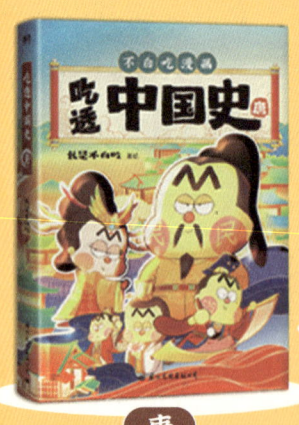

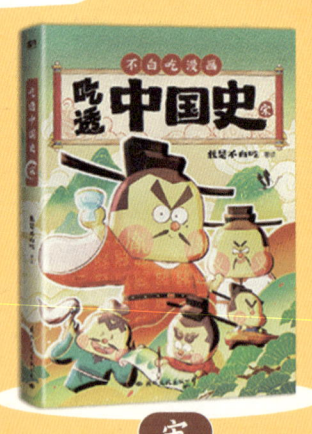

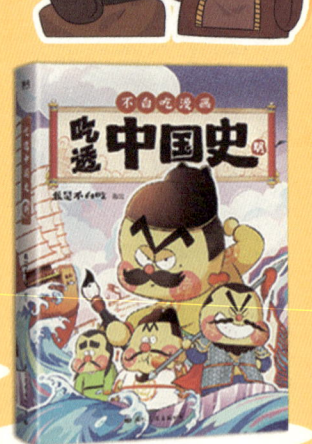

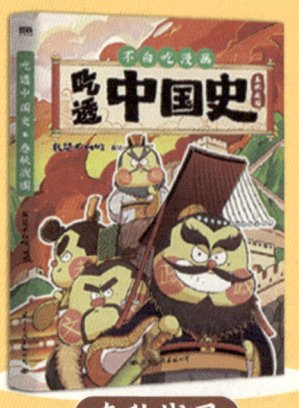

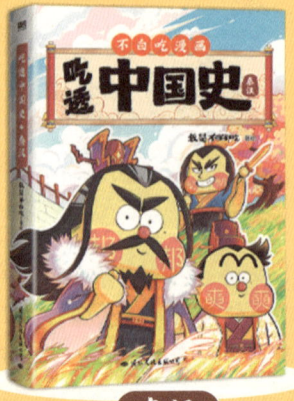

唐

宋

明

春秋战国

秦汉

漫画食物简史系列

流着口水也要读完的食物简史！

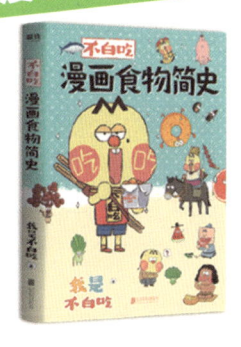

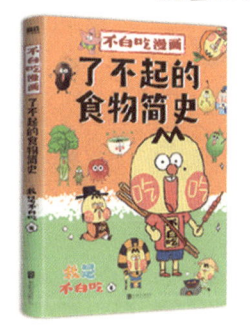

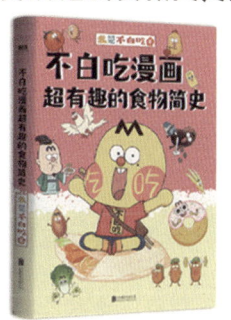

吃透二十四节气系列

让孩子领略祖先智慧，从小树立文化自信！

吃透中国神话系列

轻松吃透中华文化之源！

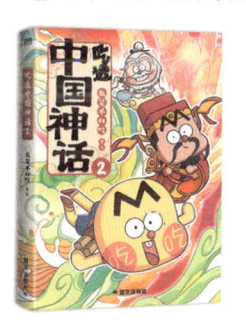

我是不白吃，我真是太有文化了！

下册见！